Said Shiripour

DAS PERFEKTE ONLINE-BUSINESS

In 14 Monaten vom Studienabbrecher zum Millionär

Said Shiripour

Mehr Wissen zum Thema Online-Business unter:
www.evergreensystem.net

Produktion: CPI Books GmbH, Leck.
Herausgeber: Rocket Empire GmbH, Fabrikstraße 8, 67655 Kaiserslautern.

In Zusammenarbeit mit www.buchkodex.de, Düsseldorf.

ISBN 978-3-9818347-0-3

Widmung

Am 03.03.2009 bin ich mit der Liebe meines Lebens zusammengekommen, meiner geliebten Silke.

Seit diesem Tag fühle ich mich im Leben endlich angekommen. Ich spüre die Liebe, die ich in dieser Art und Weise nie zuvor gespürt habe.

Meine Prinzessin, du warst immer da, in schweren wie in guten Zeiten. Auch in der Zeit, in der wir nicht viel hatten, haben wir gespendet.

Du sagtest mal zu mir, dass man durch das Helfen und Spenden länger glücklich ist, als wenn man sich selbst Dinge gönnt. Und wir waren beide süchtig nach diesem Gefühl.

In Juni 2016 haben wir bei unserer Reise in die Türkei einen todkranken Straßenhund gerettet und nach Deutschland geholt. Was war das für ein wunderbares Gefühl.

Mit Fleiß und Zusammenhalt haben wir uns unser Leben gemeinsam aufgebaut und bereisten die weite Welt in Liebe und Harmonie.

Jeder Mensch sollte sein „Warum" kennen. Warum mache ich das alles?

Mein „Warum" war und ist meine geliebte Silke.

Silke verstarb am 09.09.2016 infolge einer Lungenembolie.

Einen Tag zuvor hatten wir uns ein Grundstück ausgesucht, das wir bebauen wollten.

Vorne lagen weite Felder für unsere zwei Hunde und hinten ein Spielplatz für unsere zukünftigen Kinder.

Das Leben kann so unberechenbar sein.

Lieber Leser, wenn ich dir in dieser Widmung eine klare und eindeutige Botschaft geben kann, lautet sie:

Schätze und genieße jede Sekunde deines Lebens, egal wie schwer manche Momente auch sein mögen. Denke nicht, dass das Leben dir gegenüber „zu unfair“ sei.

Du hast bis heute Mitternacht Zeit, dich von allen Lasten zu lösen und dein Leben so zu gestalten, wie du und deine Familie es verdienen.

Höre auf zu jammern oder zu zweifeln, ob du etwas schaffst.

In dieser Sekunde kämpft gerade jemand um sein Leben und möchte das bekommen, was der liebe Gott dir bereits geschenkt hat.

Meine Silke wird mich mein Leben lang begleiten – sie wird immer mein „Warum“ sein.

In ewiger Liebe,
dein Said

INHALT

Vorwort

DIESE EINE NACHT als 23-jähriger Student veränderte alles. Ich lag mit weit geöffneten Augen in meinem Bett und machte mir so viele Gedanken über mein Leben wie noch nie zuvor.

Was würde mich nach meinem Studium erwarten? Was will ich erreichen? Wo will ich hin? Was kann ich alles schaffen? Nutze ich mein Potenzial gerade wirklich aus?

Ich hinterfragte meinen Alltag. Jeden Tag fuhr ich zur Uni, schaute auf die leeren Gesichter der Studenten und Professoren und stellte jedes Mal fest: Keiner hat so richtig Lust auf das, was er gerade tut.

Es war deprimierend.

Genauso wie ich waren viele dieser Menschen nur hier, weil Eltern, Freunde oder die Gesellschaft das von ihnen »erwarteten«. Wir alle waren wie Zombies. Das hatte nichts mit Selbstverwirklichung und der Erfüllung seiner Träume zu tun.

Bis zu dieser einen Nacht hatte ich mir auch kein anderes Leben vorstellen können. Ich wusste allerdings, dass es da draußen Menschen gab, die anders lebten als die Masse.

Diese Menschen – Unternehmer – waren finanziell, geografisch und zeitlich frei. Sie konnten die Dinge tun, die sie liebten. Sie lebten jeden Tag ihre Leidenschaften und Berufung aus.

Ich dagegen war gerade mitten auf dem Weg ins Hamsterrad. Dieser Gedanke machte mich fertig und zerstörte mich innerlich. Wollte ich wirklich so weiterleben?

In diesem Moment überwältigten mich tief angestaute Unzufriedenheit, Zweifel und Angst. Auf einmal brach alles aus mir heraus.

Die Tränen strömten mein Gesicht herab und fielen leise auf das Kopfkissen. In dieser Nacht hörte ich nicht auf zu weinen.

Ich versuchte mich zusammenzureißen, weil meine Freundin Silke neben mir im Bett lag. Sie sollte nicht bemerken, dass ich weinte und wie verzweifelt ich war. Doch ich war machtlos gegen den Schmerz.

So verlassen wie in dieser Nacht hatte ich mich noch nie zuvor in meinem Leben gefühlt. Obwohl ich Familie, Freunde und eine tolle Freundin hatte, war ich doch ganz auf mich gestellt.

In diesem Moment musste ICH mich entscheiden, wie meine Zukunft aussehen sollte. Nicht meine Eltern, nicht meine Freunde: ICH musste mich entscheiden. In diesem Moment wusste ich: »Said, wenn es so weitergeht, machst du dich kaputt. Du MUSST etwas anderes machen.« Der Schmerz war einfach zu groß. Ich hielt es nicht mehr aus.

Als ich am nächsten Morgen meine roten Augen im Badezimmerspiegel betrachtete – ich hatte höchstens eine halbe Stunde geschlafen –, fasste ich einen Entschluss:

»Ich werde mein Studium abbrechen. Ich will raus. Ich gehe meinen Weg. Ich mache etwas anderes. Ich baue mir ein erfolgreiches Online-Business auf.«

Dieser Gedanke schwebte mir damals schon länger im Kopf herum. Nachdem ich meiner Freundin am nächsten Morgen von meiner Entscheidung erzählt hatte, wollte sie mich beruhigen: »Wie wäre es, wenn du es einfach weiter mit einem anderen Studium probierst? Vielleicht ist der Studiengang einfach nicht der richtige für dich?«

Doch ich wusste: Auch wenn ich mein Studienfach wechseln würde, müsste ich studieren, bis ich 28, 29 oder 30 Jahre alt wäre, mich mein Leben lang abrackern, mir ein Auto und ein Haus auf Kredit kaufen, und meine Eltern würde ich niemals finanziell unterstützen können.

Auch dann nicht, wenn der beste Fall eintreten und ich am Ende vielleicht 3.000 Euro netto als Ingenieur verdienen würde.

Das Geld ist schneller weg, als man glaubt, und dann stehe ich da. Kein Geld. Kredite. Pflichten. Hamsterrad.

Warum sollte ich mir, meinem Körper, meiner Seele und meinem Leben all das antun? Wofür? Damit würde ich mich nur kaputtmachen. Zeit und Gesundheit sind die einzigen Dinge, die man nicht zurückbekommt – alles andere schon.

Als ich diese Gedanken mit meiner Freundin teilte und dabei keinen Zweifel an meiner Entschlossenheit ließ, sagte sie: »Wenn das zu 100 Prozent das ist, was du willst, dann mach es.«

An diesem Tag fuhr ich das erste Mal ohne Rucksack oder anderen Ballast zur Uni. Nur den Antrag auf Exmatrikulation (den braucht man, um sich auszutragen) hielt ich in der Hand.

Nervös faltete ich den Zettel, steckte ihn in die Tasche, holte ihn wieder heraus, bevor ich ihn wieder aufmachte und wieder faltete. Hauptsache, ich konnte mich irgendwie von meiner Nervosität ablenken und meine Hände beschäftigen.

Während der Fahrt zur Uni wälzte ich Zweifel: »Was werden die Leute – vor allem meine Familie und Freunde – über mich sagen, wenn ich mich austrage?« Ich hatte immer noch Angst vor den Reaktionen, doch mein Schmerz und meine Unzufriedenheit waren mittlerweile einfach zu groß. Also ignorierte ich meine Zweifel und betrat die Universität.

Im Verwaltungsgebäude angekommen, holte ich den Exmatrikulations-Antrag aus der Tasche und legte ihn auf den Tisch. Der Sekretär sah die geringe Punktzahl auf meinem Zeugnis und dachte sich sicher: »Noch ein weiterer Verlierer heute!«

Das Erste, was er dann zu mir sagte, war: »Na? Haben Sie es geschafft?«

In diesem Moment ergriffen mich eine riesige Wut und gleichzeitig Angst. Da war dieses ganz, ganz üble Gefühl in meinem Bauch. Ich kann es kaum beschreiben. Trotzdem lachte ich oberflächlich über seinen Kommentar und antwortete höflich irgendwas.

Ich wollte diesen Schlussakt einfach hinter mich bringen. Ich wusste: Nach der Exmatrikulation ist es so weit. Dann habe ich den wichtigsten Schritt gemacht, dann MUSS ich handeln. Dann MUSS ich mein Leben selbst in die Hand nehmen.

Vorher hatte ich nebenbei ein bisschen gearbeitet, aber mich nie vollkommen auf mein Online-Business konzentriert. Es war eher eine Art Hobby, weil ich ja hauptsächlich Student war.

Doch ich wusste: Wenn ich mich einmal klar für das Leben als Online-Unternehmer entscheide, würde sich alles verändern. Mit der Exmatrikulation aus der Universität zwang ich mich dazu, den Mut zu haben und »ernst« zu machen.

Auch wenn es hart war: Dies war die beste Entscheidung meines Lebens.

Warum? Bereits 14 Monate später machte ich mit meinem Online-Business von zu Hause aus, allein mit digitalen Informationsprodukten, einen Jahresumsatz von **1,4 Millionen Euro**.

Ich bin Said Shiripour, Studienabbrecher, 26 Jahre alt, Gründer von mehreren GmbHs (einer Unternehmensform) aus den Bereichen Online-Marketing, Web-Business und Software.

Heute bin ich zeitlich, geografisch und finanziell frei. Ich habe bereits all das erreicht, was ich mir schon immer gewünscht und erhofft habe.

In diesem Buch möchte ich dir zeigen, wie auch du deine Ziele erreichen und deine Wünsche realisieren kannst, indem du dir ein profitables Online-Business aufbaust.

Dafür brauchst du kein Vorwissen, kein Startkapital und musst auch kein Risiko eingehen.

Wie das genau geht und was du sonst brauchst?

Lies einfach weiter ...

Für wen ich dieses Buch geschrieben habe

Dieses Buch richtet sich an Menschen, die (genau wie ich damals) gerade im Hamsterrad stecken. Menschen, die Probleme mit ihrem Leben, ihrer Zeit und ihren Finanzen haben. Das Buch soll alle inspirieren, die generell unzufrieden mit ihrer Situation sind, damit sie sagen:

»Ich habe mehr verdient als das, was ich jetzt habe. Ich kann mehr, aber ich weiß noch nicht, wie ich mein Potenzial optimal einsetze. Ich kenne keinen Ausweg, weil die Menschen um mich herum allesamt genau so denken, wie es die Gesellschaft vorgibt.«

- »Hol dir einen sicheren Job!«
- »Rackere dir den Arsch ab!«
- »Dann musst du eben mal drei, vier Stunden am Tag mehr arbeiten.«
- »Überstunden sind doch normal.«
- »Nachtschicht? Ist eben so!
- »Dafür hast du einen sicheren Job.«

Kommen dir diese Sätze bekannt vor? Wenn du zu denen gehörst, die etwas anderes wollen und denken: »Ganz ehrlich? Ich sollte mehr bekommen. Ich sollte mehr von der Welt sehen. Ich sollte mehr Zeit für meine Familie, meine Kinder, meine Freunde und meine Eltern haben. Ich will einfach mehr!«, dann habe ich dieses Buch für dich geschrieben.

Was du in diesem Buch lernst

In diesem Buch nehme ich dich an die Hand und zeige dir Schritt für Schritt, was ich gemacht habe, um **den ersten Euro online zu verdienen**.

Es geht nicht um Theorie oder darum, was du machen »könntest«. Stattdessen stelle ich dir in diesem Buch die Techniken und Strategien vor, die ich jeden Tag selbst einsetze. Ich beschreibe alle Schritte zum erfolgreichen Online-Business so, dass du sie auch ohne jegliches Vorwissen verstehst.

Du lernst in diesem Buch alle Grundlagen,
um online erfolgreich zu sein.

Mit dem Wissen aus diesem Buch kannst du deine Träume und Ziele realisieren – vorausgesetzt, du setzt das Gelernte auch um.

Viele meiner Kunden und Fans sagen: »Ich will einfach mal wissen, wie es ist, den ersten Euro online zu verdienen. Ich will fühlen, dass es real ist.«

Der erste Euro ist symbolisch. Wenn du diese mentale (und größte) Hürde überwindest, bist du schon auf einem Level, der dir zeigt: »Ich kann automatisiert online Geld verdienen.« Es ist zwar noch nicht viel, aber wenn du einen Euro verdienen kannst, kannst du auch viele weitere Euros verdienen.

Dafür musst du nur skalieren und wachsen (mehr Einsatz = mehr Ergebnis; dazu später mehr).

Warum gerade ein Online-Business?

Ein Online-Business hat drei klare Vorteile: finanzielle Freiheit, geografische Freiheit und zeitliche Freiheit.

1. Die **finanzielle Freiheit** erreichst du, wenn dein Business läuft – und genau deshalb liest du ja auch dieses Buch.

2. Die **geografische Freiheit** erreichst du, weil du dein Online-Business von jedem Ort der Welt aus führen kannst.

3. Die **zeitliche Freiheit** erreichst du, weil dein Online-Business auch dann für dich Geld verdient, wenn du gerade schläfst, reist oder dich mit Freunden triffst.

Du entscheidest, wann du dir Zeit für dein Business nimmst. Wenn du willst, kannst du einen Tag komplett durcharbeiten und danach sechs Tage Urlaub machen. In diesen sechs Tagen wirst du trotzdem Geld verdienen.

All diese Vorteile kannst du mit sehr wenig Startkapital und sehr wenig Risiko erhalten. Das Einzige, was du einsetzen musst, sind dein Verstand und ein bisschen Zeit. Das war's.

Hauptberuflich oder nebenbei: Wie viel Zeit braucht dein Online-Business?

Mein erstes Online-Business habe ich neben dem Studium aufgebaut. Das Gleiche würde ich dir auch empfehlen.

Du brauchst nicht auf volles Risiko zu gehen, sondern kannst deine ersten Erfahrungen neben Beruf oder Ausbildung machen.

Sobald du merkst: »Okay, das funktioniert. Ich verdiene das erste Geld online«, kannst du dich immer noch entscheiden, wie du weitermachen bzw. worauf du dich konzentrieren willst.

Ich verlange nicht, dass du alles riskierst, dich als Student sofort exmatrikulierst oder als Angestellter direkt deinem Chef die Kündigung auf den Tisch legst. Auch wenn du in Erfolgsbüchern vielleicht schon andere Ratschläge gehört oder gelesen hast: **Es ist besser, wenn du am Anfang weniger riskierst.**

Ich habe das auch so gemacht. Meine Freunde rackerten sich in irgendwelchen Studentenjobs ab. Sie fuhren regelmäßig zwei Stunden irgendwohin, um dort zwei Stunden zu arbeiten. Für die Arbeit haben sie zwölf Euro pro Stunde bekommen. Danach mussten sie aber wieder zwei Stunden zurückfahren.

Das heißt: 24 Euro, obwohl sie eigentlich sechs Stunden unterwegs waren. Effektiv sind das also vier Euro pro Stunde (24 Euro geteilt durch sechs Stunden investierte Zeit). Zu dieser Zeit habe ich mit Affiliate-Marketing (Provisionsgeschäft) in meinem kleinen Online-Business schon so um die 300 Euro im Monat verdient. Von zu Hause aus.

Als ich meinen Freunden davon erzählte, machten alle große Augen. Sie fragten sich: »Was macht der denn?« Ich war mir damals zu schade, um für einen Hungerlohn irgendwohin zu fahren und meine Zeit zu verschwenden. Stattdessen suchte ich lieber Wege, um mein Business zu vergrößern.

Du kannst das auch! Nutze jede freie Minute, die du neben deiner Hauptbeschäftigung hast, um dein Online-Business aufzubauen (wie es geht, zeige ich dir). Wenn es erfolgreich genug ist, kannst du dich immer noch voll darauf konzentrieren, wenn du willst. Mit dieser Vorgehensweise vermeidest du jedes Risiko.

Wenn ich es kann, kannst du es auch – egal wo du gerade bist!

Nachdem ich so schnell erfolgreich geworden war, haben mich viele gefragt, ob ich ein Genie wäre, aus reichem Elternhaus käme oder als Online-Marketing-Guru geboren worden sei. Vielleicht zweifelst du gerade auch daran, dass du das nötige »Zeug« hast, um ein erfolgreiches Online-Business aufzubauen.

In Wirklichkeit ist meine Familie aus dem Iran (Teheran) nach Deutschland eingewandert, als ich elf Jahre alt war.

Als Einwanderer hatten wir sehr, sehr wenig Geld. Ich bin also in einfachen Verhältnissen aufgewachsen. Für iranische Verhältnisse ging es uns ganz okay, aber für deutsche Verhältnisse war das nichts. Zum Leben hat es gereicht, aber nicht für mehr.

Als wir damals hierherkamen, war ich deshalb total motiviert und dachte mir: »Hier in Deutschland gibst du richtig Gas!«

Tatsächlich war mein Leben ein fortwährendes Auf und Ab. Mal verdiente ich ein bisschen mit einer kleinen Geschäftsidee, dann verlor ich alles wieder. Auch in der Schule war ich alles andere als ein Genie. Mein Abi bekam ich gerade so mit einem Notendurchschnitt von 3,2. Wie du sicher weißt, ist das ziemlich schlecht.

Ich konzentrierte mich nie auf die Schule und hatte auch kaum Zeit oder Lust zu lernen. Stattdessen unterstützte ich meine Eltern immer bei ihrem Geschäft oder der Arbeit. Wenn ich meine Intelligenz beschreiben müsste, bin ich wohl ein »Durchschnittsmensch«.

Das Entscheidende aber, das ich habe (und das du auch haben kannst), ist brennender Ehrgeiz.

Ich bin ein extrem ehrgeiziger Mensch. Wenn ich eine Sache nicht hinbekomme – zum Beispiel wenn du schneller bist als ich – rackere ich mich so lange ab, bis es klappt – bis ich schneller bin als du.

Ich tue alles, um meine Ziele zu erreichen.

Ehrgeiz ist aber nichts, womit man geboren wird. Ehrgeiz kommt nicht von Gott, deinen Eltern, deinen Genen oder sonst was. Ehrgeiz kannst du entwickeln, wenn du eine Vision hast und sagst: »Hey, ich will mehr in meinem Leben erreichen, mehr für mich, mehr für meine Familie, mehr für all meine Mitmenschen!« Dieser brennende Ehrgeiz macht mich erfolgreich.

Du kannst diesen Ehrgeiz auch entwickeln – und in diesem Buch zeige ich dir, wie.

Als ich das erste Mal online Geld verdienen wollte, hatte ich überhaupt keine Ahnung, was ein »Online-Business« war und wie es funktionierte. Ich hatte keine Ahnung von Business, Verkauf und ich wusste auch nicht, was ein »Affiliate-Link« ist (du bekommst Verkaufsprovision, wenn ein Kunde etwas über diesen Link bestellt).

So startete ich also komplett bei null und brachte mir das ganze Wissen selbst bei. Je mehr Ergebnisse ich hatte, desto mehr glaubte ich an die Idee und an mich selbst – das Gleiche wird dir auch passieren.

Da draußen gibt es viele Menschen, die erzählen, dass du online Geld verdienen kannst. Wenn du aber wirklich selbst deinen ersten Euro online verdienst, merkst du, wie real es ist und wie gigantisch dein Potenzial ist.

Der Vorteil am Online-Business ist, dass du fast mit null Euro Startkapital beginnen kannst und kein Risiko eingehen musst. Du brauchst eigentlich nichts außer einen Computer und Ehrgeiz.

Auch ich habe damals mit sehr wenig Geld begonnen. Ich hatte etwa 700 Euro auf dem Konto. Circa zehn Euro davon hob ich ab und ging damit zum Gewerbeamt, um mein Unternehmen anzumelden.

14 Monate später wurden daraus über 1,4 Millionen Euro.

Im Online-Business hast du also die seltene Chance, mit nichts zu beginnen und trotzdem etwas wirklich Großes zu erreichen.

Ich bin überzeugt: Da ich es geschafft habe, kann das auch jeder andere schaffen.

Warum? Ich bin ein gewöhnlicher Mensch. Ich habe weder reiche Eltern, noch bin ich besonders talentiert, intelligent oder sonst irgendwas. Also kannst du es auch. Ich werde dir die konkreten Schritte zeigen, die du gehen musst, um ein erfolgreiches Online-Business aufzubauen.

Legen wir los!

Kapitel 01: Der Wille, gegen den Strom zu schwimmen

VIELE MENSCHEN FRAGEN MICH: »Said, was ist deiner Meinung nach die wichtigste Voraussetzung für ein erfolgreiches Online-Business?«

Meine Antwort: »**Ehrgeiz und ein starker Wille.**«

Deshalb widme ich diesem Thema ein ganzes Kapitel.

Du musst zuallererst den Willen haben. Das ist extrem schwierig. Der Wille ist die größte Hürde, die du direkt zu Beginn überwinden musst. Viele Leser dieses Buches denken sich wahrscheinlich: »Ist doch gar nicht so schlimm, mal zum Gewerbeamt zu gehen und einen Schein auf den Tisch zu klatschen.«

Weißt du, warum es trotzdem so wenige Leute machen?

Weil es schwierig ist.

Es ist schwierig, zu sich selbst zu sagen: »Ich bin NICHT wie 99,9 Prozent der Gesellschaft, die den Chef reich machen.

Ich will zu den 0,1 Prozent gehören, die es anders machen. Ich bin nicht so wie die anderen um mich herum. Ich bin nicht so wie meine Freunde – und ich bin auch nicht so, wie meine Familie das von mir erwartet. Ich will einfach mehr erreichen.«

Es ist extrem schwierig, diesen Entschluss zu fassen.

Es ist auch extrem schwierig, sich zu sagen: »Ich will selbstständig werden.« Wenn du das anderen erzählst, assoziieren viele damit Alleinsein und Schufterei. Das ist bei einem Online-Business aber anders. Du kannst mit sehr wenig Kapital in kürzester Zeit ein eigenes Team aufbauen – dazu aber später mehr.

Wenn du das tust, was Freunde, Familie und die Gesellschaft von dir erwarten, wirst du auch genau das Gewöhnliche bekommen, das alle anderen haben. Wenn du tust, was jeder tut, kannst du auch nur bekommen, was jeder hat. Okay?

Um erfolgreich zu sein, musst du mehr wollen. Andere Wege gehen. Neue Wege. Offen sein für eine neue Perspektive. Du brauchst den Willen. Du musst sagen: »Ich will das! Ich will mehr Zeit, mehr Geld für meine Familie, mehr Freiheit. Ich will es, weil ich es verdient habe, weil ich wertvoll bin.«

Du brauchst dieses Gefühl in deinem Herzen.

Wenn du für jemand anderen arbeitest und dich herumkommandieren lässt, denkst du irgendwann, dass du weniger wert wärest. Schließlich hörst du jeden Tag, dass du dies und jenes machen musst.

Sobald du aber verstehst, dass du als Mensch genug bist, und den wahren Wert deiner Persönlichkeit kennst, kann ich dir versichern: Du wirst den richtigen Weg gehen und erfolgreich sein.

Also noch mal: Der Wille ist sehr, sehr wichtig.

Was ist, wenn du noch nicht den nötigen Willen hast oder zweifelst? Was ist, wenn andere dich bremsen?

Das Idealbild in persischen Familien sieht so aus: Du musst entweder Ingenieur oder Arzt werden. Also habe ich Wirtschaftsingenieurwesen studiert. Meine Eltern waren sehr stolz und konnten mit mir angeben.

Als ich mich für das Studienfach entschieden habe, war es mir nicht bewusst, aber im Nachhinein betrachtet wählte ich das Fach nur, weil meine Eltern es wollten.

Ich habe ein Online-Business, das über eine Million Euro Umsatz pro Jahr macht, und mein Vater versteht immer noch nicht, was genau ich eigentlich tue. Er weiß, dass ich irgendetwas tue, damit am Ende Geld rauskommt, aber meine konkrete Tätigkeit bleibt für ihn mysteriös.

Als mein Vater mich kurz vor dem Studienabbruch besuchte, gingen wir ins Kino. Dort erzählte ich ihm, dass ich etwas anderes vorhatte, als Ingenieur zu werden. Nachdem ich ihm meine Idee geschildert hatte, schaute ich ihm in die Augen und sah Tränen.

Ich fragte ihn: »Papa, warum weinst du?«

Er antwortete mir: »Ich wollte immer, dass du dein Studium zu Ende bringst und erfolgreicher Ingenieur wirst. Jetzt sagst du mir, dass du einen anderen Weg gehen willst. Ich mache mir Sorgen, Said.«

Kannst du dir vorstellen, wie ich mich in diesem Moment gefühlt habe?

Vielleicht wirst du in eine ähnliche Situation kommen, wenn du dich für einen neuen Weg entscheidest. Damals sagte ich zu meinem Vater: »Papa, mach dir keine Sorgen. Ich schaffe das schon.«

Solche Situationen darfst du nicht persönlich nehmen. Deine Eltern – oder wer auch immer – meinen es nicht böse. Sie kennen es einfach nicht anders. Sie wissen nicht, ob deine Idee funktioniert, und wollen nur das (aus ihrer Sicht) Beste für dich.

Wäre mein Vater Vollblut-Unternehmer, würde er anders darüber denken. Doch er ist auch »nur« normal zur Schule gegangen, hat studiert und Monat für Monat sein regelmäßiges Gehalt bekommen. Er war einfach überrascht und schockiert, dass ich einen anderen Weg gehen wollte.

Bei meiner Mutter war es ähnlich. Karriereentscheidungen sind ein Riesendrama in persischen Familien. Auch meine Mutter hat geweint und gefragt: »Said, ist das wirklich das Richtige, was du machst? Willst du das wirklich?«

Sogar meine Kommilitonen haben ganz große Augen gemacht, nachdem ich mich exmatrikuliert hatte. Sie wollten genau wissen, was ich jetzt machte.

Darauf sagte ich: »Irgendwas im Internet. Affiliate-Marketing oder Online-Marketing oder so.« Damals war ich noch relativ neu in dem Bereich und hatte kaum Ahnung. Ich hatte erst ein bisschen Geld mit Affiliate-Marketing verdient, aber keine wirklichen Einnahmen.

Auch wenn ich kaum Ahnung hatte, wollte ich allen Zweiflern von ganzem Herzen etwas sagen:

- Ich glaube an mich, okay? Ich weiß, dass ich es schaffe.
- Was genau? Völlig egal. Ich weiß es noch nicht.
- Ich weiß nicht, wie? Egal, ich lerne es!
- Kein Kapital? Na und, ich finde einen Weg, um Kapital zu bekommen.
- Egal, welche Hürden es gibt: Ich schaffe es!

Diese Gedanken waren in meinem Herzen.

Ich hätte es gerne all den Menschen gesagt, die an mir zweifelten, aber damals konnte ich es noch nicht. Ich versuchte, alle Zweifler mit Daten und Fakten zu überzeugen. Ich zeigte ihnen Trends auf und erklärte: »Das, was ich mache, ist zukunftsorientiert und cool.«

Doch die Menschen in meinem Umfeld konnten und wollten diese Daten und Fakten nicht verstehen, weil sie sich nicht mit dem Thema auskannten.

Stattdessen hätte ich sagen sollen: »Hey, ich glaube an mich. Keine Ahnung, wie, aber ich schaffe es.«

Wenn du die Strategien aus diesem Buch umsetzt, wirst du früher oder später wahrscheinlich in eine ähnliche Situation kommen.

Wundere dich nicht. Deine Mitmenschen erwarten von dir die gleichen Entscheidungen, die sie auch getroffen haben. Wenn du einen anderen Weg gehen willst, wirst du viele Menschen vor den Kopf stoßen.

Ich hatte schon damals eher wenig Kontakt zu anderen Studenten. Nicht weil ich mich nicht mit ihnen verstanden habe, sondern weil ich meine Zeit besser nutzen wollte und an meine Träume glaubte.

Statt die ganze Nacht feiern zu gehen, investierte ich lieber 12 bis 15 Stunden in mein Business. Es gab damals leider keinen einzigen Menschen, von dem ich etwas lernen konnte. Deshalb musste ich auch so viel Zeit investieren.

Meine Augen waren oft ganz rot vom ganzen Lesen und Lernen. Ich saugte alles auf, was ich in die Finger bekam, und war im Tunnel, vollkommen fokussiert.

Da du gerade mein Buch liest und daher aus meinen Fehlern lernen kannst, wirst du ähnliche Erfolge viel, viel schneller erreichen können als ich. Das Wissen kommt. Du brauchst einfach nur den Willen.

Sobald du aus dem Zwang der Gesellschaft heraustrittst und dir andere Ziele setzt, wird sich dein Leben verändern. Es entsteht eine krasse Energie. Alle wollen dich wieder in das alte Leben hineinziehen, aber dein Wille wird dich auf deinem persönlichen Kurs halten.

Wenn andere Menschen dich von deinen Zielen abhalten und in das normale Hamsterrad hineinziehen wollen, haben sie keine bösen Absichten. Eigentlich wollen sie dir damit nur helfen. Sie sind der festen Überzeugung, dass dies der richtige Weg sei, weil sie einfach keinen anderen kennen. Wir Menschen sind Gewohnheits- und Sicherheitstiere. Wenn dieses Sicherheitsgefühl nicht gesättigt werden kann, bekommen wir Angst. Die meisten denken sich:

»Ich habe einen sicheren Job. Auch wenn mein Arbeitgeber heute scheiße zu mir war oder mich angeschrien hat – völlig egal, Hauptsache, ich habe einen sicheren Job. Wenn ich zu Hause bin, ist ja alles wieder vorbei.«

Nein! Ist es nicht. Wenn du zu Hause bist, ist gar nichts vorbei. Du bist psychisch und körperlich kaputt. Wenn du nach der Arbeit zu Hause bist, hast du keine Zeit, musst dich um Tausende Dinge kümmern und so viele Rechnungen zahlen – da ist gar nichts in Ordnung.

In Wirklichkeit haben Angestellte vielleicht sogar mehr Probleme als Unternehmer.

Außerdem ist dein Job gar nicht so sicher, wie du vielleicht glaubst. Nur wenn du deinem Chef »die Füße küsst«, behältst du deinen Job. Und selbst dann bist du komplett von ihm abhängig, weil dein Chef ja wieder einen Chef hat und der wiederum ebenso.

Es kann jeden Tag sein, dass ganz oben entschieden wird, einfach mal ein paar Abteilungen zu streichen, weil ein großer Kunde abgesprungen ist oder es kein Budget mehr gibt.

Was dann? Dann stehst du alleine da und musst wieder jemanden finden, dem du die Füße küssen kannst. In der Finanzkrise haben beispielsweise sehr viele Leute ihre Jobs verloren. »Sichere Jobs«, die trotzdem vom einen auf den anderen Tag weg waren.

Wenn du weißt, was du tust, ist Unternehmertum nicht unsicherer als ein normaler Job. Es kann sogar sicherer sein, und vor allem sind deine Wachstumsmöglichkeiten unendlich.

Wie du einen einzigartigen Erfolgswillen entwickelst

Vielleicht zweifelst du immer noch an deinen Fähigkeiten. Vielleicht denkst du dir:

- Bin ich schlau genug für ein Online-Business?

- Habe ich die perfekten Bedingungen dafür?

- Habe ich genug Zeit?

Zuerst einmal: Jeder kann sich ein Online-Business aufbauen.

Wie ich schon sagte, brauchst du einfach Ehrgeiz und den Willen. Du brauchst kein Abitur. Kein Studium. Kein Geld. Sei dir bewusst, dass du bereits alles in dir hast, um ein erfolgreiches Online-Business zu starten. Die Frage ist nur, ob du es wirklich willst.

Um den richtigen Ehrgeiz zu entwickeln, solltest du Wege finden, um dich zu motivieren.

Stell dir vor:

- Wie möchtest du später leben?
- Wo willst du wohnen?
- Was für ein Auto fahren?
- Wie oft und wohin willst du reisen?
- Was möchtest du für deine Familie?
- Deine Gesundheit?
- Deine Fitness?
- Wie sollen deine Finanzen aussehen?
- Wie viel Freizeit willst du haben?

Viele Unternehmer hängen sich **Poster und Bilder** auf, um jeden Tag vor Augen zu haben, wie ihr zukünftiges Leben aussehen soll. Bei mir war das ähnlich. Ich habe mir die Bilder zwar nicht aufgehängt, aber sie in meinem Kopf gemalt. Bilder meines perfekten Lebens, um jeden Tag zu sehen, was meine Ziele sind und wofür ich arbeite.

Ich stellte mir ganz genau vor, wie mein Leben sein sollte, wenn ich es »geschafft« habe. Für mich war auch immer wichtig, dass ich mich um meine Familie kümmern kann. Das hat mich angetrieben.

Zum Beispiel ist meine Mutter jetzt bei mir in der Firma angestellt. Ich unterstütze sie. Sie bekommt von mir ein regelmäßiges (überdurchschnittliches) Gehalt, und das mache ich sehr, sehr gerne.

Schon damals als Student habe ich mir all die Dinge vorgestellt, die jetzt Realität geworden sind. Ich wollte nach New York und in die Karibik reisen, genug Zeit für Fitness und Freizeit haben und arbeiten, wo immer ich möchte. All das ist jetzt Realität geworden.

Wenn du dir das Leben vorstellst, das du dir in Zukunft wünschst, wird dich das extrem motivieren.

Führe außerdem einen Stift und Papier mit dir, damit du dir die Dinge notieren kannst, die du erreichen willst. Schreib auf, was dir das perfekte Leben geben soll. Wenn du das gemacht hast, kennst du deine Ziele und weißt ganz genau, wohin die Reise gehen soll.

Wenn du keine Ziele hast, rennst du ein bisschen rechts, dann wieder ein bisschen links und weißt in Wirklichkeit gar nicht, wohin mit dir. Schreib dir deine Ziele deshalb auf. Mach dir ganz genau Gedanken darüber, auch wenn es mehrere Tage oder Wochen dauert: **Schreib dir deine Ziele auf**.

Ich habe mich früher außerdem motiviert, indem ich mir jeden Morgen bei YouTube Motivationsvideos anschaute – ob deutsch oder englisch: völlig egal.

Auch wenn du nicht so gut Englisch kannst, wirst du die Energie aus diesen Videos spüren. Das Feeling ist krass. Der perfekte Start in den Tag. Deshalb kann ich jedem empfehlen, genau so etwas auch zu machen.

Du musst außerdem herausfinden, WARUM du erfolgreich sein willst. Vielleicht kämpfst du für etwas? Vielleicht willst du einfach viel reisen? Vielleicht im Luxus leben? Oder deinen Kindern, Freunden und dir selbst ein besseres Leben ermöglichen?

Mein »Darum« war immer meine Familie. Ich wollte kämpfen, damit sie und ich ein besseres Leben haben können. Dein Darum hilft dir dabei, deine Ziele noch klarer zu machen.

Wenn du all die genannten Techniken nutzt, steigt deine Motivation extrem an. Mit dieser Motivation ist es völlig egal, ob du müde bist, viel zu tun hast, dich irgendwer oder irgendwas ablenken will. Alles ist egal.

Mir war damals auch alles egal, weil ich unbedingt mein Ziel erreichen wollte. Ich war im Tunnel, und am Ende des Tunnels war Licht. **Geh da rein!**

Glaube mir, wenn du diesen Ehrgeiz entwickelst und dich auf deine Ziele fokussierst, kommt irgendwann ein Moment, in dem sich alles gelohnt hat. Bei mir kam dieser Moment schon recht früh. Im ersten Monat habe ich bereits rund 5.000 Euro verdient, und nach allen Abzügen blieb immer noch viel Geld übrig.

Damals hatte ich ja kaum Kosten. Meine Freundin und ich wohnten in einer kleinen Wohnung, und so dachte ich mir schon damals: »Verdammt, das ist eine Menge Geld.«

Als Student hatte ich 600 Euro BAföG und circa 180 Euro Kindergeld bekommen. Dagegen sind 5.000 Euro ein Vermögen. Im zehnten Monat meines Lebens als Vollzeit-Unternehmer ist dann alles explodiert und ich habe das erste Mal über 100.000 Euro in einem Monat verdient.

Seitdem wächst mein Unternehmen immer weiter, und ich übertreffe einen Umsatzrekord nach dem anderen.

Das sind die Momente, in denen du dir denkst: All die Arbeit, all die Zeit, all die Anstrengung haben sich verdammt noch mal voll gelohnt.

In jenem Monat habe ich am wenigsten in meinem Leben gearbeitet und am meisten verdient.

Das Gefühl war einfach überwältigend. Zu wissen, dass du endlich verstanden hast, wie ein Online-Business funktioniert. Zu verstehen, dass dein Einkommen nichts damit zu tun hat, dass du 15 Stunden am Tag hart arbeiten musst, wie ich es am Anfang gemacht habe.

Es ist eine Art High-Gefühl. In diesem Moment denkst du nur: »Es hat sich vollkommen gelohnt, die Dinge anders zu machen und anders zu sein als die Masse.« Das Leben belohnt einen für Außergewöhnlichkeit und den Mut, andere Wege zu gehen.

Am Anfang hatte ich keine Ahnung und wusste noch nicht, was ich tun musste. Doch irgendwann verstehst du das Prinzip Online-Business und weißt, wie es läuft.

Genau diese Prinzipien zeige ich dir in meinem Buch. Wenn du diese Methode verstehst, arbeitest du fast gar nicht und kannst 100.000 Euro im Monat verdienen.

Wie schnell kannst du erfolgreich sein?

Vielleicht gehörst du zu den Menschen, die unsicher sind und für die Zahlen wie 100.000 Euro pro Monat komplett außerhalb der Realität liegen. Das ist in Ordnung, und du entscheidest natürlich selbst, wie viel Arbeit du in dein Business stecken und wie viel Geld du verdienen willst.

Dennoch: Wenn du etwas unbedingt willst und dir einen strengen Zeitplan erstellst, wirst du deine Ziele erreichen. Mach dir klar, dass die Grenzen in deinem Kopf sind.

Es geht nicht darum, wann genau du deine Ziele erreichst. Es geht aber darum, dass du deine Ziele erreichen kannst.

Ab dem Zeitpunkt, an dem du deine Ziele realisiert hast, ist dein Leben komplett anders. Ich würde mich an deiner Stelle nie darauf fokussieren, möglichst schnell Geld zu verdienen, sondern darauf, was du wirklich in diesem Leben willst. Was willst du mit dem Geld machen?

Es gibt viele – mir persönlich bekannte – Unternehmer, die mit ihrem Online-Business eigentlich viel mehr verdienen könnten.

Aber sie haben sich dagegen entschieden und sagen sich: »Mir reichen ›nur‹ 8.000 Euro im Monat. Dafür habe ich sehr, sehr viel Zeit. Ich arbeite nur einen Tag pro Woche und verdiene 8.000 Euro. Es ist okay, dass ich keine 100.000 Euro verdiene. Meine Freizeit ist mir wichtiger, und ich möchte nur einen Tag pro Woche arbeiten.«

Für diese Unternehmer sind die freien Tage in der Woche einfach mehr wert als das Geld, das sie in der Zeit verdienen könnten.

Finde deine Werte, deine Motivation und deine Vision. Dann kannst du dich auf die Bilder in deinem Kopf konzentrieren und genau das erreichen, was du vor Augen hast.

Vergiss, was andere Leute von dir denken und ob du sie enttäuschst. Vergiss, was vorher war. Vergiss die Zweifel, ob du nicht doch lieber in der Schule oder Uni oder sonst was geblieben wärest. Konzentriere dich auf dein Jetzt.

Was hast du? Wie kannst du damit arbeiten, um am schnellsten dein Ziel zu erreichen? Du brauchst einen Tunnelblick: vom Heute bis zum Ergebnis. Die Vergangenheit sollte dir egal sein. Alles, was zählt, ist die Zukunft.

Schau nach vorne!

Kapitel 02: Der Mut, kontrollierte Risiken einzugehen

FRÜHER MUSSTE MAN als Unternehmer viel riskieren (vielleicht sogar seine ganze Existenz), wenn man ein Business starten wollte. Du musstest sehr viel Geld und Zeit investieren, und wenn deine Idee fehlgeschlagen ist, hast du alles verloren.

Diese Bedingungen haben sich verändert.

Im Informationszeitalter mit seinen neuen Technologien – vor allem dem Internet – kannst du vieles automatisieren und automatisch Geld verdienen. Du kannst digitale Produkte einmal erstellen und unendlich oft verkaufen.

Nachdem du einmal ein Verkaufsvideo aufgenommen hast, sehen es Tausende oder Hunderttausende Menschen. Durch diese Technologien kannst du dich vervielfältigen.

All diese Dinge kannst du selbst mit einfachem und günstigem Equipment bewerkstelligen. Dadurch riskierst du zu Beginn deines Online-Business fast nichts. Du brauchst auch kein Büro oder ähnliches.

Wenn du also jetzt ein Online-Business starten willst, kannst du ganz normal in deinem Job weiterarbeiten. Du musst auch nicht deinen Ausbildungsplatz oder dein Studium aufgeben. Du kannst jetzt, heute schon beginnen, und das mit ganz, ganz wenig Geld.

Gleichzeitig hast du die Chance,
ein Millionen-Business aufzubauen.

Das bedeutet: Deine Risiken sind fast bei null (du setzt eigentlich nur Zeit ein), der potenzielle Gewinn dagegen ist gigantisch. Statt auf der Couch zu sitzen und irgendeine Serie zu schauen, könntest du an deinem Business arbeiten.

Wenn du willst, kannst du dein Online-Business auch für immer einfach nur nebenbei machen. Ich habe mein Studium abgebrochen und mich voll darauf konzentriert, weil ich die Million verdienen wollte. Es war tief in mir. Ich wollte die Million verdienen.

Ich kenne deine Ziele nicht, aber wenn du deine ersten ein-, zwei-, dreitausend Euro mit deinem Online-Business verdient hast, kannst du dich immer noch entscheiden und dir überlegen, wie viel Zeit du dem Business widmen willst. Du entscheidest, ob du weiterhin nebenbei ein paar Tausend

Euro verdienen möchtest, weiter ganz normal zur Arbeit gehst oder ob du vielleicht weniger arbeiten möchtest.

Vielleicht willst du nur die Hälfte der Zeit arbeiten und dein festes Gehalt aufgeben, um effektiver und schneller Geld über dein Online-Business zu verdienen. Diese Entscheidung musst du aber heute noch nicht treffen.

Warum dein normaler Job leider doch nicht so sicher ist

Vielleicht verstehst du mittlerweile, dass das, was die meisten Menschen als Risiko bezeichnen, in Wirklichkeit nur die Angst ist, etwas Neues zu wagen.

Wenn wir uns dagegen das Thema Rente anschauen, sieht das schon ganz anders aus. Hier gibt es wirklich ein Risiko.

Fast jeder Arbeitnehmer/Angestellte – egal ob in Deutschland, Österreich oder der Schweiz – wird später mal eine extrem geringe Rente bekommen.

Die Gesellschaft wird älter, weniger junge Menschen zahlen in die Rentenkassen ein und dementsprechend bekommen alte Menschen auch weniger Rente.

Die Rentensituation ist miserabel.

Stell dir aber vor, du hättest neben deinem normalen Einkommen ein Online-Business, mit dem du neben dem Beruf passiv Geld verdienst. Mit diesem Nebeneinkommen könntest du dir eine zusätzliche Rente aufbauen.

Wie sicher würdest du dich dann wohl fühlen?

Wenn du ein gutes Rentenpolster möchtest, solltest du schon früh damit anfangen, dir etwas zurückzulegen und dein Online-Business zu starten.

Denn sonst merkst du in ein paar Jahren:

»Hoppla, jetzt habe ich die letzten Jahre nichts gemacht, auch nichts nebenbei. Meine Rente wird aber zum Leben nicht ausreichen!«

Das wirkliche Risiko liegt also darin, nichts weiter zu tun und sich nur auf seinen Job zu verlassen.

Warum ein Online-Business besser als jedes traditionelle Investment ist

Ich war letzte Woche bei meinem Banker, der mir eine »tolle« Investitionsmöglichkeit vorstellen wollte.

Sein Vorschlag: »Sie machen MAXIMAL sechs Prozent Gewinn pro Jahr. Also, wenn Sie zum Beispiel 100.000 Euro investieren, könnte es eventuell sein, dass Sie am Ende des Jahres 106.000 Euro haben. Für diese potenziellen sechs Prozent Gewinn haben Sie aber ein Risiko von 40 Prozent.

Sprich: Sie könnten 40.000 Euro verlieren und von Ihren 100.000 Euro blieben dann nur noch 60.000 übrig.«

Wie du auf den ersten Blick siehst, sind die Chancen auf Gewinn im Vergleich zum Risiko lächerlich gering. Und diese Investition bezeichnete mein Banker als »tolle Möglichkeit«. Wenn ich 100.000 Euro in mein Online-Business investiere, kann ich mein Geld mindestens vervierfachen – und das Jahr für Jahr.

Ich würde deshalb nicht mein Geld für mich arbeiten lassen, sondern das Geld lieber in ein Business investieren.

Ein Business, das neben meinem Leben und meinem eigentlichen Beruf 24 Stunden am Tag für mich arbeitet. Dieses Business verdient immer Geld für mich, egal ob ich gerade schlafe, Urlaub mache oder an einem anderen Projekt arbeite. So verdienst du eigentlich immer doppelt Geld.

Falls du also einen festen Job hast und zum Beispiel 15 bis 20 Euro pro Stunde verdienst, weißt du immer, dass du in Wirklichkeit vielleicht das Doppelte bekommst, da ja dein Online-Business noch nebenbei läuft.

Kapitel 03: Das perfekte Online-Business

IM JAHR 2015 waren meine Freundin Silke und ich in New York. Wie klassische Touristen gekleidet, inklusive T-Shirt und kurzer Hose, wollten wir in ein schickes Restaurant ganz oben auf dem Empire State Building (einem der höchsten Gebäude in New York).

So wie wir aussahen, fragte sich der Empfangsherr sicherlich, ob wir uns das überhaupt leisten konnten. Im Gegensatz zu uns waren alle anderen Gäste nämlich superschick angezogen: Anzug, Kostüm und Kleider, wo man hinschaute.

Mittendrin saßen wir mit unserem lockeren Outfit.

New York war schon lange ein Traum von uns, und wir wollten es uns mal so richtig gut gehen lassen. Also bestellten wir alles von der Karte, worauf wir Lust hatten, und genossen den schönen Ausblick.

Nach dem Essen schaute ich kurz auf mein Handy und überprüfte den aktuellen Kontostand: **Alleine an diesem Tag hatte ich bereits über 9.300 Euro verdient, ohne zu arbeiten.**

Du kannst dir gar nicht vorstellen, was für ein krasses Gefühl das war.

Wir saßen mitten in New York auf dem höchsten Gebäude, alle neben uns waren superschick und spießig gekleidet, und ich konnte einfach machen, was ich wollte, ohne auf irgendjemanden zu achten oder mich totzuarbeiten.

Dieses Gefühl war genial.

Das ist die Macht des Online-Business.

Online-Unternehmen vs. Offline-Unternehmen

Stell dir vor, du möchtest ein Café aufmachen. Was brauchst du alles dafür?

Zuerst einmal die Räumlichkeiten. Das heißt, du musst Miete, Kaution und Renovierung dafür zahlen.

Dann brauchst du die Ausstattung, die zu einem Café gehört. Du brauchst Tische, Stühle und natürlich eine tolle Kaffeemaschine.

Das alles kostet Geld. Richtig viel Geld. Das bedeutet, du musst sehr viel Geld investieren, bevor du überhaupt ein Business bzw. Produkt hast.

Dann brauchst du noch Kunden. Doch in traditionellen Unternehmen geht das nicht sofort. Es dauert, bis du dir einen zuverlässigen Kundenstamm aufgebaut hast und sich dein neues Angebot herumspricht.

Es kann also sein, dass du zuerst Monate oder Jahre warten musst, bis sich das investierte Geld überhaupt auszahlt und du Gewinn machst.

Das bedeutet: In einem klassischen Offline-Business gehst du ein großes Risiko ein, musst viel Geld investieren und eventuelle Durststrecken überwinden.

Du brauchst einen Raum. Du brauchst Lagermöglichkeiten und du brauchst von Anfang an Mitarbeiter. Wenn du keine einstellen willst, musst du permanent selbst arbeiten. Das heißt: Vergiss deine Freiheit und Freizeit.

Als Inhaber eines Cafés kannst du außerdem dein Business nicht skalieren (sprich: vergrößern). Ein Café hat nur beschränkten Raum für Sitzplätze. Wenn der Platz ausgereizt ist, war es das (außer, du eröffnest ein weiteres Café).

Du hast außerdem keine Kontrolle über deine Kunden. Schließlich kannst du nicht draußen stehen und sagen: »Hey du, komm in mein Café! Geh jetzt sofort rein!«

Bei einem Online-Business ist es komplett anders.

Du kannst mit ganz, ganz wenig Geld eine Website aufbauen und dort etwas anbieten, das Kunden gerne erwerben möchten.

Du kannst außerdem einen gewissen Betrag zahlen, um einen neuen Kunden zu bekommen. Wenn du beispielsweise weißt, dass ein neuer Kunde durchschnittlich 5 Euro einbringt, kannst du 2,50 Euro ausgeben, um den Kunden auf deine Seite zu lenken – und wirst Gewinn machen. Das heißt, du bezahlst dafür, dass Menschen deine Seite sehen und dein Produkt kaufen.

Nehmen wir an, du könntest wirklich 2,50 Euro ausgeben und würdest 5 Euro verdienen. Wie oft würdest du das Ganze wiederholen?

Richtig! Tausende und Abertausende Male! Denn schließlich verdoppelst du jedes Mal dein investiertes Geld.

Auch wenn das nur ein simples Beispiel ist, funktioniert das Prinzip Online-Business genau so (die Details kommen in den folgenden Kapiteln).

Das ist auch das Geheimnis, mit dem ich innerhalb kürzester Zeit so erfolgreich geworden bin. Ohne ein Online-Business hätte ich das wahrscheinlich niemals geschafft, weil ich kein Geld hatte, um ein klassisches Business zu starten.

Im Gegensatz zu einem Offline-Business brauchst du in deinem Online-Business auch nicht sofort Mitarbeiter. Du entscheidest, ob du die jeweilige Arbeit an einen Freelancer (Freiberufler) auslagern willst oder vielleicht doch selbst machen möchtest.

Wenn es so weit ist, kannst du aber mit günstigen Freelancern arbeiten, die dir jede Aufgabe für sehr wenig Geld abnehmen können. Diese Freelancer bezahlst du nur pro Stunde, statt ihnen ein komplettes Monatsgehalt zu zahlen. Sie arbeiten meistens von zu Hause aus und lieben dieses Freiheitsgefühl.

Der Freelancer kann ein Student aus China sein oder ein 40-jähriger Experte aus den USA, der gerade eine Weltreise macht und sich diese mit Freelancer-Jobs finanziert. Das heißt, du kannst für alle Arbeiten einen Freiberufler engagieren.

Der Vorteil im Vergleich zu einem festen Mitarbeiter: Du musst für diese Freelancer keine Lohnsteuer oder Versicherungsbeiträge zahlen, sondern einfach nur den Betrag, der auf der Rechnung steht.

Du bezahlst den Mitarbeiter außerdem auch nur dann, wenn er etwas Produktives für dich tut – nicht für die Zeit, die er gelangweilt in der Ecke steht, weil gerade kein Kunde in deinem Café ist.

Zum Beispiel kannst du dir bei Fiverr.com ein Logo machen lassen und zahlst dafür nur fünf Dollar. Schon am nächsten Tag bekommst du dein Logo, für genau diese fünf Dollar.

In diesem Kapitel habe ich dir gezeigt, warum ich so begeistert von Online-Unternehmen bin. Wenn du weniger Verwaltungsaufwand und Risiko, dafür aber mehr Zeit haben möchtest, empfehle ich dir, auch ein Online-Business zu gründen.

In den nächsten Kapiteln erfährst du die konkreten Techniken und Strategien für dein erfolgreiches Online-Business.

Kapitel 04: Die 3 Bausteine zum profitablen und automatisierten Online-Business

WENN DIE VORHERIGEN KAPITEL dich neugierig gemacht haben, zeige ich dir in diesem, welche drei Bausteine für ein erfolgreiches Online-Business wichtig sind.

Achtung: Nimm zuerst auf, was ich in den nächsten Kapiteln zu sagen habe, und sei offen. Sei bereit, etwas Neues zu lernen und deinen Horizont zu erweitern. Du kannst später skeptisch sein und das Gelesene hinterfragen, aber jetzt würde Skepsis dich nur ausbremsen.

Warum? Weil du dann nicht offen genug für die Informationen und Ideen aus diesem Buch bist. Jetzt heißt es: Augen auf, Ohren auf, aufsaugen, im Tunnel sein, weiterlesen und verstehen, wie ein Online-Business funktioniert.

Danach kannst du immer noch entscheiden, ob diese Art Business zu deiner Persönlichkeit, deinem Lebensstil und deinen Zielen passt.

Die 3 Bausteine für ein erfolgreiches Online-Business

Diese drei Bausteine sind absolut notwendig, um ein erfolgreiches Online-Business zu betreiben. Ohne sie geht nichts.

In den nächsten Kapiteln betrachte ich jeden dieser Bausteine detailliert und erkläre dir, worauf du achten solltest.

1. **Das ansprechende Angebot:** Du musst deinen Kunden ein unwiderstehliches Angebot machen, das sie unbedingt kaufen wollen. Egal ob du ein eigenes Produkt entwickelst oder die Produkte anderer weiterempfiehlst und dafür eine Provision bekommst (Affiliate-Marketing).

2. **Die Verkaufsseite oder Verkaufsstruktur.** Ein Angebot ist wichtig, aber du brauchst auch eine Seite oder Plattform, auf der Kunden ihre Zahlungsdaten eingeben und den Kauf abwickeln können.

3. **Die zahlungswilligen Kunden:** Jetzt, da du das Angebot und eine Verkaufsstruktur erstellt hast, muss du einen Weg finden, um möglichst vielen Kunden dein Produkt zu zeigen. Je mehr Leute dein Angebot sehen, desto mehr werden es kaufen (und desto mehr wirst du verdienen).

Lass uns jetzt detailliert die einzelnen Bausteine durchgehen.

Kapitel 05: Wie du ein unwiderstehliches Angebot findest

DER ERSTE SCHRITT zum erfolgreichen Online-Business ist ein gutes Produkt bzw. ein ansprechendes Angebot, das Kunden gerne haben wollen.

Stell dir vor, du bist in der Sahara (Wüste). Es herrschen gerade 50 Grad und du hast seit vielen Stunden nichts mehr getrunken.

Dein Kopf brennt vor Hitze und du schwitzt, was das Zeug hält. Du hast Durst, so richtig Durst. Du spürst, dass du jetzt unbedingt Wasser brauchst, da du sonst stirbst.

Wenn du jetzt einen Händler vor dir sähest, der frisches, kühles Wasser verkauft, würdest du wahrscheinlich alles dafür tun und zahlen, um dieses Wasser zu bekommen.

In dieser Situation könnte der Preis des Wassers extrem hoch sein, doch Menschen, die sich in der Wüste verirren und fast verdursten, würden es trotzdem noch kaufen.

Du müsstest als Wasserverkäufer in der Sahara kaum Überzeugungsarbeit leisten oder dein Verkaufstalent einsetzen, sondern könntest einfach nur sagen: »Wasser? 50 Euro.«

Dieses Wasser wäre ein unschlagbares und in dem Fall sogar lebensnotwendiges Produkt für deine Kunden. Deine Verkaufsfähigkeiten wären egal. Dein Preis wäre egal. Hauptsache, das Produkt stimmt und der Kunde hat einen großen Bedarf.

Je langweiliger, nutzloser und gewöhnlicher dein Angebot ist, desto mehr Verkaufsfähigkeiten und Marketing-Skills brauchst du, um es loszuwerden.

Stell dir zum Beispiel vor, dass neben dir noch ein Wasserverkäufer stände, der das Wasser für 45 Euro verkauft.

Wahrscheinlich würde in diesem Fall niemand mehr bei dir kaufen, obwohl dein Produkt immer noch genauso wichtig ist. Doch jetzt ist die Auswahl der Anbieter gestiegen und du hast nicht mehr das beste Angebot.

Um dein Produkt dennoch für 50 Euro verkaufen zu können, müsstest du deinen Kunden einen einzigartigen und besonderen Vorteil deines Wassers nennen.

Möglicherweise verkaufst du ein Spezialwasser, das länger im Körper bleibt und nicht so schnell ausgeschwitzt wird.

Dadurch müssten deine Kunden weniger trinken und könnten länger in der Wüste überleben. Nur mit einer solchen anderen Positionierung hättest du also eine Chance, dein Business am Leben zu erhalten.

In die Sahara verirren sich relativ wenige Menschen, deshalb würde ich dir von dieser Geschäftsidee abraten. Mit diesem Beispiel möchte ich dir nur zeigen, welche Macht ein wirklich gutes Angebot haben kann.

//////////

Ein gutes und ansprechendes Angebot hat eine wichtige Eigenschaft: Kunden wollen es sofort!

//////////

Wenn jemand Kopfschmerzen hat, will er sofort eine Schmerztablette haben, damit sie verschwinden. Anders sieht es vielleicht mit einer Frau aus, die gerade nach Schuhen sucht, weil sie sich ablenken oder beschäftigen will.

Der Schmerz und das Bedürfnis sind bei demjenigen mit den Kopfschmerzen stärker. Er will die Lösung für sein Problem genau in diesem Moment. Für die Frau sind Schuhe eher eine Art Bonus.

Je größer das Bedürfnis, desto höher die Wahrscheinlichkeit, dass der Kunde ein Produkt kauft. Wie findest du also Produkte, die Kunden jetzt sofort haben wollen?

Die 4 Hauptnischen, in denen du immer unwiderstehliche Angebote findest

Diese vier Nischen werden auch »Schmerznischen« genannt und bieten das beste Potenzial für gute Produkte. Die meisten Online-Marketer sprechen von drei Nischen, in Wirklichkeit sind es aber vier.

Diese 4 Nischen sind:

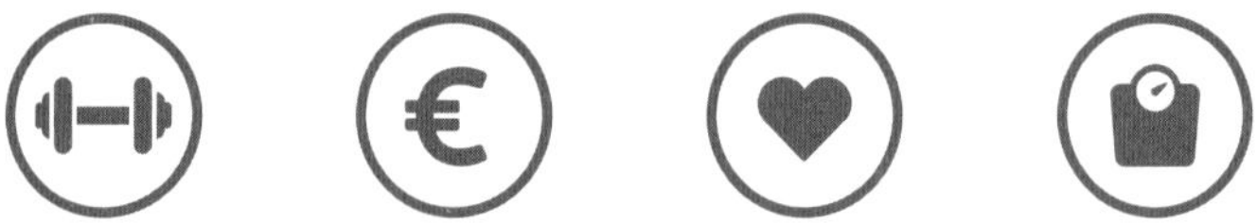

Fitness | **Geld verdienen (im Internet)** | **Dating** | **Gesund zu-/abnehmen**

Diese vier zeitlosen Nischen oder Bedürfnisbereiche stellen Probleme dar, die Menschen immer beschäftigen.

Wenn du ein Produkt oder eine Lösung in diesen Nischen verkaufen willst, kannst du dir sicher sein, dass jemand dieses Produkt auch braucht.

Warum man diese Nischen »Schmerznischen« nennt? Weil du einen inneren Schmerz fühlst, wenn du Probleme in einem dieser Bereiche hast.

Wenn jemand beispielsweise »Ex-Freund zurückgewinnen« in die Suchmaschine Google eingibt, hat die Person gerade in diesem Moment einen Schmerz. Sie möchte jetzt in diesem Moment, während sie den Begriff eingibt, wahrscheinlich ihren Ex-Freund zurückbekommen.

Dies ist nur ein Beispiel, und es gibt noch viele weitere Schmerznischen als die vier aufgeführten. Doch diese vier Nischen sind die größten, und sie ermöglichen es dir, deine Produkte und Lösungen an eine große Masse zu verkaufen, weil viele Menschen Probleme in den Bereichen haben.

Fitness, Geld, Frauen bzw. Männer kennenlernen oder gesund zu- oder abnehmen sind Grundbedürfnisse, die jeder hat.

Wo liegen die Vorteile dieser 4 großen Nischen?

Wenn du ein Produkt zu einer oder mehrerer dieser vier Nischen anbietest, kannst du schnell wachsen (skalieren).

Denn dann hast du eine genügende Masse potenzieller Kunden, um jeden Tag mehr zu verdienen als vorher – oder generell einfach viel Geld zu verdienen.

Eines meiner meistverkauften Produkte bringt mir seit circa 1,5 Jahren konstant Geld. Ich stecke 1.500 Euro in Werbung hinein und bekomme 3.000 Euro heraus. Das heißt, ich verdopple jeden Tag mein Geld. Und dieses Produkt ist in einer der größten Nischen überhaupt verortet: der Geld-verdienen-im-Internet-Nische.

Die Merkmale eines guten Angebots zusammengefasst:

1. Die Nachfrage ist groß und es gibt einen großen Markt. Dadurch kannst du schnell wachsen.

2. Das Bedürfnis oder der Schmerz ist akut und die Kunden wollen die Lösung schnellstmöglich haben.

Die 2 Wege zum unwiderstehlichen Angebot

Grundsätzlich gibt es zwei Möglichkeiten, online mit deinen Produkten Geld zu verdienen.

- **Erstens:** Affiliate-Marketing, also Provisionsgeschäft.
- **Zweitens:** die Erstellung eigener Produkte.

Affiliate-Marketing ist besonders für Einsteiger ideal, weil man sofort starten kann.

1. Affiliate-Marketing

Beim Affiliate-Marketing bewirbst du fremde Produkte oder Dienstleistungen, ohne selbst welche anzubieten. In vielen Branchen ist das üblich. Zum Beispiel im Bereich Versicherungen und Finanzdienstleistungen.

Hier bekommst du eine Provision für jedes verkaufte Produkt, also einen Anteil dessen, was ein Kunde dem Produktgeber zahlt. Du kannst auch eine Provision bekommen, wenn du echte, physische Produkte vermittelst.

Beispielsweise bei Amazon, wo du rund ein bis zehn Prozent Provision erhältst, wenn ein Kunde ein Produkt über dich kauft (abhängig vom empfohlenen Produkt).

Die Produkte können auch digitale Güter sein (mein Favorit). Zum Beispiel E-Books, Informations- oder Coaching-Produkte. Hier bekommst du in der Regel circa 50 Prozent Provision oder sogar mehr, wenn du diese Produkte bewirbst.

Das heißt: Du machst Werbung für ein Produkt, und wenn jemand darauf klickt (meistens in Form eines persönlichen Affiliate-Links), wird der Kunde dir zugeordnet und du bekommst eine Provision, wenn er etwas kauft. Wie du siehst, brauchst du dafür nichts weiter als einen Affiliate-Link und kannst sehr schnell starten.

Wenn du also noch keine Erfahrung im Online-Business hast, ist Affiliate-Marketing meiner Meinung nach definitiv der erste Schritt, den du gehen solltest. Auch ich habe mit dem Affiliate-Marketing begonnen.

Wie funktioniert das Affiliate-Marketing?

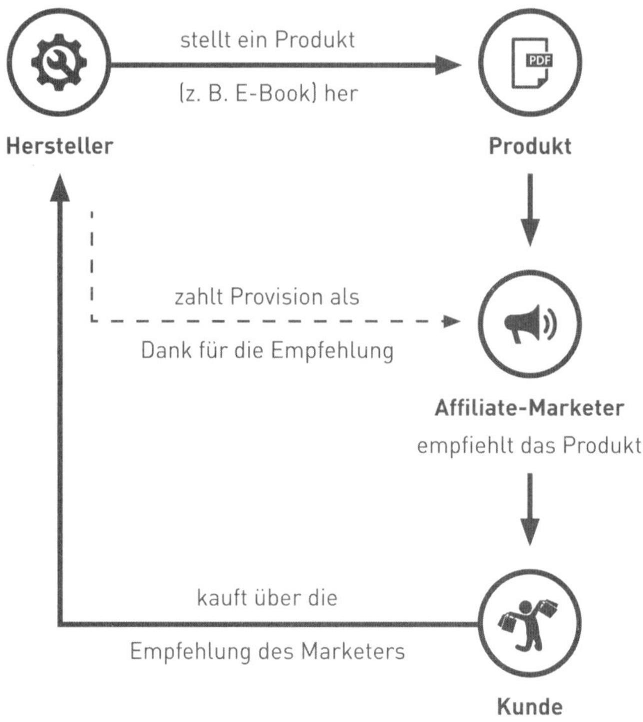

Die Vorteile von Affiliate-Marketing

Der größte Vorteil von Affiliate-Marketing ist, dass du sofort starten kannst. Du brauchst kein Know-how oder Expertenwissen und musst dich auch nirgendwo einlesen, sondern kannst sofort starten, Werbung für ein Produkt zu machen.

Wenn du ein Produkt hast, das gut ist und dir gefällt, kannst du es auch weiterempfehlen und damit Geld verdienen. Du musst das Produkt nicht unbedingt an Freunde oder Verwandte empfehlen, sondern kannst dafür das ganze Web nutzen. Soziale Medien, Gruppen, Foren etc.

Beim Affiliate-Marketing brauchst du kein eigenes Produkt, wodurch du sehr viel Zeit sparst.

Die Nachteile von Affiliate-Marketing

Da du beim Affiliate-Marketing kein eigenes Produkt brauchst, sondern das eines anderen Unternehmens bewirbst, bekommst du natürlich weniger Marge (Gewinn), also zum Beispiel 50 Prozent des Verkaufspreises.

Würdest du ein eigenes Produkt erstellen, dann würdest du 100 Prozent des Gewinns machen, müsstest dafür aber erst ein eigenes Produkt entwickeln und entsprechend Zeit investieren.

Wenn du neu im Bereich Online-Business bist, kannst du dir unter **www.evergreensystem.net** mein kostenloses Webinar anschauen, in dem ich dir zeige, wie ich es geschafft habe, 1.800 Euro am Tag mit meinem Affiliate-Business zu verdienen. Dort lernst du auch, wie du eine Affiliate-Marketing-Website aufbaust und damit schon am Anfang bis zu 180 Euro am Tag verdienst.

2. Eigene Produkte

Wenn du schon erste Erfahrungen mit dem Affiliate-Marketing gesammelt hast, kannst du auch eigene Produkte erstellen und dadurch mehr verdienen. Ich selbst habe mich auf digitale Informationsprodukte fokussiert.

Was sind digitale Infoprodukte?

Ein digitales Infoprodukt (oder Informationsprodukt) hilft Menschen dabei, ein Problem zu lösen. Dies kann beispielsweise in Form von E-Books, Videos, Coachings, Mitgliederbereichen oder Online-Seminaren passieren.

Stell dir vor, du möchtest deinen kleinen Hund erziehen, der die ganze Zeit herumspringt, überall hinmacht und alle Möbel anknabbert. Jetzt suchst du in Google zum Beispiel nach »Hundeerziehung« und findest ein E-Book namens »Wie du deinen Welpen in 10 Schritten erziehst«.

Dieses E-Book kaufst du wahrscheinlich gerne, weil dein Hund gerade in diesem Moment an deinem Bein kaut und du das E-Book sofort herunterladen kannst.

Hundeerziehung ist übrigens auch ein Schmerzmarkt und gehört zu den Mikronischen, nicht den vier Hauptnischen.

Es ist zwar kein Riesenmarkt, aber ein Schmerzmarkt, weil die Betroffenen nachts wegen ihrer aktiven Haustiere nicht ruhig schlafen können.

Wie funktionieren eigene Produkte?

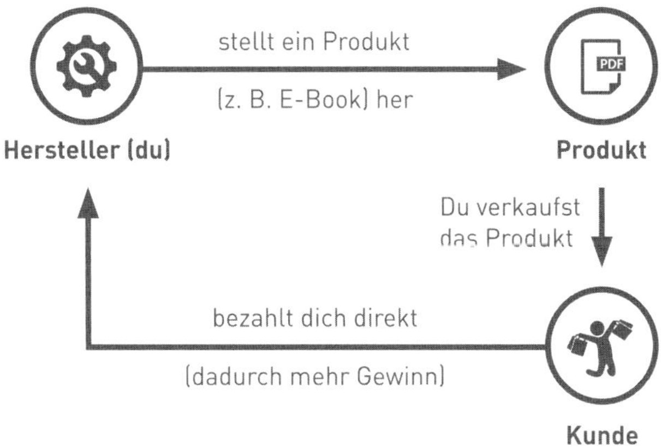

Die Vorteile eigener (digitaler) Produkte

Der Vorteil digitaler Produkte liegt darin, dass du keine Lagerhaltungskosten und im Vergleich zu physischen Produkten eine höhere Gewinnspanne (Marge) hast.

Außerdem musst du dich bei digitalen Produkten nicht um den Paketversand kümmern, da der Kunde sie sofort per Download-Link bekommt, komplett automatisch. Du brauchst also nicht zur Post zu gehen und irgendetwas zu lagern, sondern die Software erledigt alles für dich.

Digitale Informationsprodukte kannst du außerdem sehr leicht skalieren: Selbst wenn du an einem Tag sehr viel verkaufst, ist das kein Problem, da es ja ein digitales Produkt ist. Du stehst also nicht vor der Herausforderung, die Produkte erst wieder herstellen lassen zu müssen, wenn dein Lager erschöpft ist, sondern kannst dieselbe Datei an Millionen Menschen verschicken.

Die Nachteile eigener Produkte

Ein Nachteil eigener Produkte gegenüber dem Affiliate-Marketing besteht darin, dass du sie selbst erstellen musst.

Das heißt, du brauchst erst mal zwei bis drei Wochen, bis dein Produkt fertig ist. Beim Affiliate-Marketing kannst du ja sofort starten. Du musst außerdem den Kundensupport selbst übernehmen und allen Kunden ihre Fragen beantworten.

Wenn du mehr über die Erstellung eigener Produkte wissen willst, solltest du auf **www.digitales-sofortprodukt.com** gehen. Dort zeige ich dir kostenlos, wie ich meine eigenen Produkte erstellt (und damit sehr viel Geld verdient) habe.

Deine Schritt-für-Schritt-Anleitung zum ersten perfekten Angebot

Grundsätzlich würde ich jedem Online-Marketing-Anfänger raten, mit Affiliate-Marketing zu starten. Hier kann man schneller erste Erfahrungen sammeln und online Geld verdienen.

Zuerst solltest du dir dafür eine der vier großen Nischen auswählen, auf die du dich konzentrieren möchtest. Danach brauchst du einen Pool (eine Auswahl) interessanter Produkte aus diesem Bereich.

Stell dir vor, du möchtest beispielsweise in der Dating-Nische aktiv sein. Suche dir dafür vier bis fünf interessante Produkte zu dem Thema. Wie man den Ex-Freund zurückgewinnt, einen attraktiven Mann kennenlernt usw.

Das Gleiche kannst du natürlich auch für Männer anbieten, ihnen also zeigen, wie sie interessante Frauen kennenlernen.

Wenn du vier bis fünf interessante Produkte hast, steht dein Produktpool fest. Diesen kannst du nacheinander auf verschiedenen Kanälen empfehlen und verdienst dabei circa 50 Prozent pro Verkauf. Wie das genau geht, erkläre ich dir in den folgenden Kapiteln.

Wo findest du gute Produkte für deinen Produktpool?

Sehr viele Unternehmen bieten Partnerprogramme an. Um dir die Arbeit zu erleichtern, solltest du aber Marktplätze wie Affili.net, Zanox oder Digistore24 nutzen. Hier kannst du nach Kategorien gliedern und sofort passende Produkte finden.

Auf diesen Plattformen solltest du nach Popularität und Verkaufswert filtern und die beliebtesten Produkte auswählen.

Das heißt: Wenn du beispielsweise in der Dating-Kategorie aktiv bist, kannst du auf diesen Plattformen sehen, welche einschlägigen Produkte am meisten verkauft werden und am bekanntesten sind.

Hier kommen wir wieder auf die Sahara-Geschichte vom Beginn des Kapitels zurück: Wenn Produkte oft gekauft werden, bedeutet es, dass sie beliebt sind und Menschen ein dringendes Bedürfnis danach haben. Wenn du schon weißt, dass sich etwas verkauft, ist es dumm, etwas anderes zu verkaufen.

Verkaufe die Produkte, die schon funktionieren. Sag nicht: »Ich muss der Erste sein und irgendein neues Produkt verkaufen, das ganz hinten liegt, weil es da noch keine Konkurrenz gibt.«

Nein, es hat einen Grund, warum das Produkt X oben ist. Hole dir den Affiliate-Link des Produkts und bewirb es. Damit wirst du Umsatz machen.

Wenn du Fragen zum Thema »Wie finde ich gute Produkte?« hast, schau dir mein kostenloses Online-Seminar auf **www.evergreensystem.net** an. Dort erkläre ich dir alle Schritte, mit denen du das perfekte Produkt findest.

Wann solltest du dein erstes eigenes Produkt erstellen?

Wie gesagt empfehle ich dir, dein eigenes Produkt erst dann zu erstellen, wenn du bereits Umsatz mit Affiliate-Marketing gemacht hast.

Auch ich habe zuerst ein paar Monate Affiliate-Marketing betrieben und damit sehr, sehr gutes Geld verdient. Ich hatte zu der Zeit schon genug Wissen (das wird bei dir auch automatisch kommen), so dass ich auch eigene Produkte erstellen konnte.

Mein erstes eigenes Produkt war ein Kurs über Affiliate-Marketing. Ich habe einfach anderen gezeigt, was ich gemacht habe und wie sie es auch schaffen.

Diese Vorgehensweise würde ich jedem Online-Marketing-Anfänger empfehlen. Denn gerade am Anfang lernst du so viele neue Sachen und hast eine coole Zeit. Wenn du nebenbei noch Produkte erstellen musst, könnte das zu viel sein.

Aktuell hast du wahrscheinlich noch keine gute Produktidee. Wenn du dich aber ein bisschen mit einer Nische beschäftigst, werden dir so viele Business-Ideen einfallen, dass du gar nicht mehr weißt, wohin damit.

Nach einigen Monaten kennst du die Produkte, deine Kunden und den Markt, so dass du dir wahrscheinlich sagst: »Okay, ich habe es verstanden. Ich habe viele tolle Ideen. Jetzt mache ich mein eigenes Produkt und bin ziemlich sicher, dass es erfolgreich sein wird.«

Wenn du dich sofort für ein eigenes Produkt entscheidest, wirst du wahrscheinlich lange darüber nachdenken müssen, was du überhaupt machen solltest und wie das geht. Deshalb ist Affiliate-Marketing meine Empfehlung für Anfänger. So machst du den ersten Schritt zum ersten Euro online und musst dich nicht schon am Anfang mit Technik usw. herumschlagen.

Mit Affiliate-Marketing kommst du – wenn du sehr, sehr gut bist – auf circa 10.000 Euro pro Monat. Mit dem eigenen Produkt habe ich es auf über eine Million Umsatz pro Jahr geschafft, und die Möglichkeiten nach oben sind unendlich. Mein Business ist erst richtig explodiert, nachdem ich ein eigenes Produkt erstellt hatte – doch das war auch schwieriger.

Worauf du bei der Erstellung deines eigenen Produkts achten solltest

Wenn du ein eigenes Produkt erstellst, sollte es sich in einer Schmerznische (egal ob Haupt- oder Mikronische) bewegen. Ich fokussiere mich immer nur auf diese Nischen, weil sie sehr, sehr groß sind und viele Menschen im deutschsprachigen Raum daran Interesse haben.

Richtig groß skalieren kannst du dein Business nur in den vier Hauptnischen. Also noch einmal: Fitness, Geld verdienen, Dating und gesund ab- bzw. zunehmen.

Das sind vier Nischen, die sehr, sehr großes Potenzial bieten. Fast jeder Mensch hat daran Interesse. Denn die meisten haben in einem oder mehreren dieser Bereiche irgendwie Probleme. Es gibt sehr selten Menschen, die sagen: »Ich bin perfekt, so wie ich bin.« Sehr, sehr selten. Also, konzentriere dich auf diese Nischen.

Wie du herausfindest, ob das Produkt zu dir passt

Wenn du nach Produkten suchst, die du über Affiliate-Marketing bewerben kannst, solltest du Produkte und Themenbereiche wählen, die du interessant findest und mit denen du dich gerne beschäftigst.

Wenn dir eine Aufgabe Spaß macht, wirst du damit auch erfolgreich sein.

Ich habe gerade zu Beginn sehr viel gearbeitet, aber die Aufgaben haben mir auch sehr viel Spaß gemacht. So wirst du leichter und schneller erfolgreich. Entweder kannst du dich bereits für eine der vier großen Nischen begeistern oder du wählst einen anderen Bereich aus, der dich interessiert (eine Mikronische).

Auch wenn du dadurch statt 100.000 vielleicht »nur« 20.000 Euro im Monat verdienst, solltest du dich für das Thema entscheiden, das dir persönlich mehr Spaß macht.

Wichtig: Wenn du mehr als 20.000 Euro Umsatz pro Monat machen möchtest, musst du eigene Produkte für die vier Hauptnischen erstellen. In Mikronischen kannst du diese Summen nicht (oder nur sehr, sehr schwer) erreichen.

Wie du am schnellsten ein eigenes Produkt erstellen kannst

Option 1: Wähle ein Thema, mit dem du Erfahrung hast.

Am besten erstellst du ein eigenes Produkt, das auf deinen eigenen Erfahrungen basiert. Sprich: Wenn du vielleicht Probleme im Bereich Dating hattest und jetzt erfolgreich bist, könntest du anderen zeigen, wie auch sie den richtigen Partner für sich finden.

Hier kannst du beispielsweise zu Themen wie »Schüchternheit überwinden«, »Frauen ansprechen« oder »Richtig chatten« Produkte erstellen. Auch ich bin so vorgegangen und habe Produkte zum Thema Affiliate-Marketing entwickelt. Ich habe eine Methode gefunden, mit der Bewerbung von Produkten online Geld zu verdienen, und sie anderen gezeigt.

Option 2: Kaufe dir die besten Produkte in der Nische und mache ein neues Produkt daraus.

Vielleicht willst du Experte auf einem für dich neuen Gebiet werden und ein Produkt für ein Problem erstellen, mit dem du dich noch nicht auskennst. Auch das ist durchaus möglich.

Kaufe dir dafür einfach die Top-Produkte zu dem Thema und werde dadurch Experte in dem Bereich. Danach schreibst du alles auf, was du an den Produkten besser oder anders machen könntest. Du kannst dafür auch Bewertungen zum Produkt lesen und solltest alles sammeln, was Käufer des Produkts kritisieren. Mit diesen Informationen machst du dann ein eigenes, besseres Produkt.

Wenn du wissen willst, wie du erfolgreich eigene Produkte erstellst und was du dabei beachten solltest, schau auf meiner Website **www.digitales-sofortprodukt.com** vorbei.

Dort zeige ich dir in einem kostenlosen Online-Seminar (1,5 Stunden lang) alle Schritte.

In diesem Kapitel habe ich dir einen Überblick gegeben, wie du das passende Produkt findest, das deine Kunden dir aus den Händen reißen werden.

Im nächsten Schritt zeige ich dir, wie du deine »Geldmaschine« vorbereitest.

Kapitel 06: Wie du die Infrastruktur für deine Geldmaschine vorbereitest

IN DIESEM KAPITEL ZEIGE ICH DIR, welche Infrastruktur bzw. (sehr einfache) technische Basis notwendig ist, um deine Produkte online zu verkaufen.

Wenn du bis hierhin gelesen hast, solltest du vier bis fünf Produkte haben, die du bewerben kannst.

Am besten aus einer der vier Hauptnischen, aber wenn du möchtest, auch Produkte aus kleineren Schmerznischen (davon gibt es Tausende), sogenannten »Mikronischen«.

Auch ich habe mir damals die besten Produkte aus dem Bereich Online-Marketing zusammengestellt, und zwar anhand einer Mischung aus folgenden Fragen und der Platzierung auf verschiedenen Marktplätzen:

1. Gefallen mir die Produkte?

2. Sieht die Website gut aus?

3. Würde ich das Produkt kaufen?

Nachdem du dein Produkt (bzw. deinen Produktpool) hast, sind die Kontaktdaten möglichst vieler kaufwilliger oder interessierter Kunden dein wichtigstes Business-Ziel.

Nur wenn du über Daten von Kunden verfügst, die Interesse an deinen Produkten haben, kannst du diesen Kunden auch unwiderstehliche Angebote machen.

Wieso sind Kundendaten so wichtig?

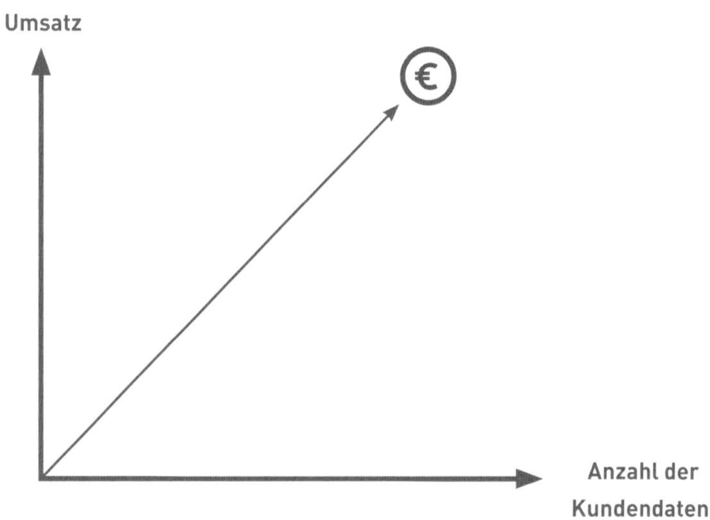

Die Kundendaten sind das wichtigste Element in deinem Online-Business.

Du brauchst einen konstanten Fluss neuer Anfragen und eine Infrastruktur, damit sich interessierte Kunden eintragen können.

Nur weil ein Interessent seine Daten in Form von Name oder E-Mail hinterlässt, ist er aber noch nicht dein Kunde. Du musst ihn zuerst davon überzeugen, dass deine Produkte auch wirklich das Richtige für sein Problem sind.

Stell dir vor, du hast eine Liste von 1.000 Menschen, die sich sehr für Dating-Produkte interessieren. Für jemanden wie mich ist das eine Rente – und zwar eine ewige Rente. Denn ich weiß vom Interesse dieser Menschen und kann ihnen immer wieder neue Produkte aus dem Bereich vorstellen.

Ich spreche nicht von einem einzelnen Produkt, sondern von vielen verschiedenen im Bereich Dating. Die Wahrscheinlichkeit ist sehr hoch, dass diese Kunden solche Produkte kaufen werden. Und zwar immer wieder.

Als ich mit dem Online-Business angefangen habe, war ich total skeptisch, als ich diese Aussage das erste Mal von anderen Marketern gehört hatte.

Doch es funktioniert immer und immer wieder. Denn schließlich haben sich diese Menschen die Mühe gemacht, sich einzutragen, und damit gezeigt, dass sie brennendes Interesse am Bereich Dating haben.

E-Mail-Marketing: Der beste Weg, mit deinen Kunden zu kommunizieren

Wenn du Kundendaten hast, ist die E-Mail das optimale Mittel, um mit deinen Kunden zu kommunizieren. Auch wenn überall ein Hype um Social Media und Facebook verbreitet wird, E-Mail-Marketing ist der beste Weg, um Interessenten in zahlende Kunde zu verwandeln.

Kunden behalten Ihre E-Mail-Adresse über Jahre, und deine Marketing-E-Mails sind in demselben Postfach zu finden wie die Nachrichten von Bekannten oder Freunden. Dadurch bekommst du mehr Vertrauen seitens deiner Kunden und die Chance ist höher, dass viele von ihnen dein Produkt über E-Mail kaufen.

Laut einer Studie der Unternehmensberatung McKinsey ist E-Mail-Marketing fast 40 Mal effektiver als klassisches Facebook- und Twitter-Marketing zusammen! Du siehst also, dass großes Potenzial im E-Mail-Marketing steckt und du dich auf jeden Fall damit beschäftigen solltest.

Um konstant neue E-Mail-Adressen von Kunden zu erhalten, brauchst du eine Seite, auf der sie sich eintragen können. Sobald sie das tun, wird die jeweilige E-Mail-Adresse automatisch in deine E-Mail-Software eingetragen.

Damit bekommt jeder Kunde auch eine Art Etikett. Zum Beispiel: »Interessiert sich für Dating-Produkte«. Dadurch weißt du auch noch nach Jahren, was für ein Kunde das ist und was ihn interessiert.

Ich empfehle dir außerdem, sogenannte E-Mail-Autoresponder anzulegen.

Was ist ein E-Mail-Autoresponder?

Ein sogenannter Autoresponder gibt dir die Möglichkeit, deine Kunden automatisch per E-Mail anzuschreiben.

Ein Beispiel: Jemand besucht deine Seite und trägt dort seine E-Mail-Adresse ein. In deiner E-Mail-Marketing-Software kannst du einstellen, dass die Person beispielsweise automatisch nach zehn Minuten eine von dir vorgefertigte »Herzlich willkommen«-E-Mail bekommt.

In dieser Nachricht kannst du die Person sogar mit ihrem Vornamen ansprechen, wenn sie ihn vorher auf der Website eingetragen hat. Das heißt, du schreibst zum Beispiel: »Hallo XXX! Schön, dass Du Dich bei mir eingetragen hast.«

Und so weiter. Nach beispielsweise zwei Tagen schickst du demselben Kunden automatisch eine weitere E-Mail mit: »Hey, ich habe hier eine tolle Information für Dich, schau mal das Produkt an. Das fand ich persönlich sehr gut: Link.« Und so weiter.

Wenn der Kunde das Produkt kauft, bekommt er keine weiteren E-Mails zu dem Thema. Wenn er es nicht kauft, könntest du ihm automatisiert weitere Nachrichten der Richtung schicken.

Mit dem Autoresponder deiner E-Mail-Software hast du also die Möglichkeit, Menschen abhängig von ihrer Situation und ihrem Verhalten anzuschreiben. Du erreichst deine Kunden immer an dem Punkt, wo sie sich gerade befinden.

Du musst natürlich nicht in jeder E-Mail etwas verkaufen, sondern kannst auch einfach welche schicken, die deinen Kunden wertvolle Tipps geben und damit die Beziehung zwischen euch pflegen. Das Gute ist, dass du mit Autorespondern die E-Mails nicht jedes Mal selbst schreiben musst, sondern einen Prozess aufsetzt und die E-Mails automatisch so verschickt werden, wie du sie eingestellt hast. Das System weiß dann:

- Einen Tag, nachdem sich jemand eingetragen hat, bekommt er E-Mail 1 mit Inhalt A.
- Nach ein paar Tagen dann E-Mail 2 mit Inhalt B.
- Und so weiter ...

Wie funktionieren E-Mail-Autoresponder?

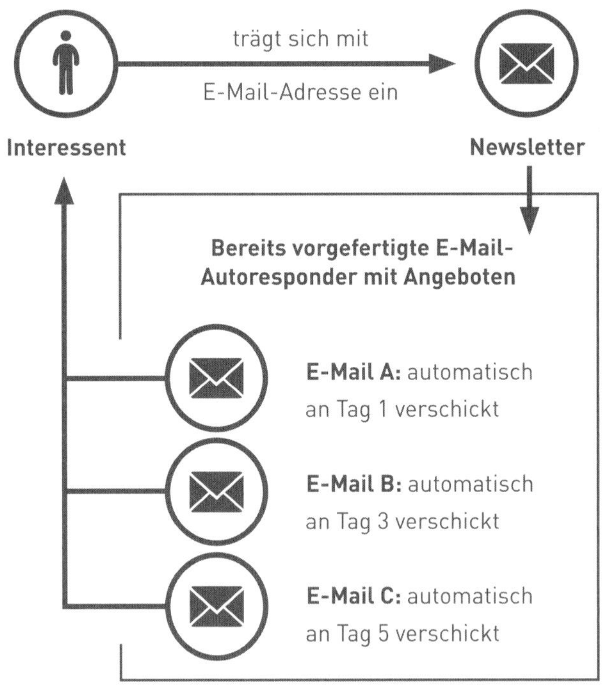

Dies passiert hundert- oder tausendfach für jeden Kunden, der sich mit seiner E-Mail bei dir eingetragen hat, ohne dass du dich darum kümmern musst.

Es funktioniert jedes Mal völlig automatisch. Und genau mit dieser Strategie verdienst du auch automatisch Geld, ohne selbst arbeiten zu müssen.

Durch diese Automatisierung per Standard-Prozess kannst du »skalieren«. Das ist ein Wort, das viele Online-Marketer benutzen. Es bedeutet: Wenn du weißt, dass eine Sache im kleinen Rahmen funktioniert, kannst du das Ganze einfach größer machen und es wird genauso funktionieren.

Du kannst dir genau anschauen, wie viele deiner Kunden ein Produkt (oder mehrere) gekauft haben, welche E-Mails die Produkte am besten verkaufen und wie viel Provision du im Durchschnitt pro Eintragung in deinen E-Mail-Newsletter verdienst.

Dazu kannst du einfach deinen gesamten Umsatz durch die Anzahl deiner E-Mail-Abonnenten teilen und bekommst so den Durchschnitt. Wie das genau geht, zeige ich dir etwas später in diesem Buch.

//////////

Wichtig ist aber zu verstehen, dass E-Mail-Marketing vorhersehbar und deshalb sehr, sehr wertvoll für dein Online-Business ist.

//////////

Verwechsle Autoresponder bitte nicht mit Spam! Beim E-Mail-Marketing weißt du nämlich genau, in welchem Stadium sich deine Kunden gerade befinden. Haben sie schon mal etwas von dir gekauft? Zweifeln sie noch? Reagieren sie auf die einen Produkte, ignorieren aber die anderen fast komplett?

Dadurch nervst du deine Kunden auch nicht, sondern schreibst beim zweiten Mal zum Beispiel nur noch die Empfänger an, die dein Produkt nicht bereits gekauft haben. So baust du eine gute Beziehung zu deinen Lesern auf, löst ihre Probleme und verkaufst gleichzeitig deine Produkte – ohne die Kunden zu belästigen.

Wie viele E-Mail-Adressen oder Kundendaten brauchst du?

Je mehr Geld du online verdienen willst, desto mehr Kunden brauchst du auch. Doch das Wachstum deines Kundenstamms kannst du automatisieren. Du kannst automatische Prozesse aufsetzen, damit immer mehr Menschen in deinen E-Mail-Marketing-Topf kommen und du zum Beispiel 30 oder 40 neue Kunden pro Tag sammelst. Automatisch.

Den genauen Prozess zeige ich dir in den nächsten Kapiteln.

Mit den ersten 1.000 Kunden kannst du schon über Jahre hinweg Umsätze generieren. Wenn du nämlich Werbung für fremde Produkte machst, gibt es davon immer wieder neue für deine Nische. Dann kannst du auch diese Produkte wieder empfehlen und bekommst erneut 50 Prozent Provision.

Wenn du mehr Erfahrung hast, kannst du natürlich auch deine eigenen Produkte erstellen – hier ist das Potenzial fast unendlich.

Also noch einmal: Kundendaten sind das Wichtigste für dein Online-Business. Ohne Kundendaten geht nichts, denn dann kannst du dein perfektes Angebot auch niemandem vorstellen.

Wie bekommst du konstant neue Kundendaten?

Schritt 1: Besorge dir eine Domain

Wenn du eine Seite haben willst, die online verfügbar ist, brauchst du im ersten Schritt einen Namen für deine Website. Dieser heißt im Internet »Domain« oder »Domainname«. Ein Domainname ist beispielsweise www.google.de. Eine Domain hat auch immer eine Endung, also zum Beispiel .de, .com , .net usw.

Jeder Domainname in Kombination mit der Endung kann weltweit nur einmal vergeben werden. Das heißt, du kannst zum Beispiel nicht www.google.de noch mal für deine eigene Website registrieren, sondern brauchst einen Domainnamen, den es noch nicht gibt.

Einen Domainnamen zu reservieren, kostet sehr wenig Geld – rund zehn Euro pro Jahr. Wenn du deine Domain reserviert hast und jemand danach den Namen in seinem Browser (zum Beispiel Google Chrome, Safari oder Firefox) eingibt, kommt er auf deine Website.

Was du bei der Wahl deiner Domain beachten solltest

Manche Unternehmer wollen sich die geringen Kosten sparen und über kostenlose Plattformen wie Blogger.com oder ähnliche eine Website einrichten.

Ich empfehle dir, sofort eine richtige, professionelle Domain zu registrieren, die man sich leicht merken kann. Der Name deiner Domain ist wichtig, damit Leute ihn einfach weitergeben können.

Stell dir vor, ein Kunde möchte seinem Bekannten von deinem tollen Angebot auf der Website berichten – weiß aber nicht mehr, wie deine Domain heißt, weil sie zu lang oder kompliziert ist. Das wäre doch ärgerlich, denn dadurch hast du einen potenziellen Kunden verloren.

Mit deiner eigenen Domain kannst du dich von anderen Websites abgrenzen. Deine Kunden werden merken, dass deine etwas hochwertiger ist, und dir dadurch auch automatisch mehr Vertrauen schenken.

Dein Domainname sollte außerdem aussagen, worum es auf deiner Website geht. Wenn du beispielsweise Produkte für Radfahrer anbietest, sollte das Wort »Fahrrad« am besten in der Domain vorkommen.

Nachdem du deine Domain registriert hast, bist du zwar online erreichbar, aber deine Seite ist leer. Du musst sie mit Inhalten füllen und dafür den nächsten Schritt gehen.

Schritt 2: Sichere dir Webspace/Hosting

Webspace oder Hosting ist nichts weiter als Speicherplatz für deine Website. Auf diesen Speicherplatz kannst du Texte, Designs, Videos, Produkte und alles andere hochladen, damit Menschen auf der ganzen Welt die Inhalte lesen, herunterladen oder kaufen können.

Auch das Hosting ist sehr günstig, ein gutes Paket bekommst du schon für rund fünf Euro im Monat.

Nimm einfach eines der günstigsten Pakete, weil du am Anfang wahrscheinlich noch nicht so viele Besucher haben wirst. Wenn du mehr Besucher bekommst und Geld verdienst, kannst du dein Hosting-Paket immer noch erhöhen. Es gibt sehr viele Hosting-Anbieter und die meisten sind ziemlich zuverlässig. Wähle also einen aus, der dich anspricht.

Domain und Hosting zusammen ergeben die Infrastruktur für deine Website. Damit hast du alles, um Inhalte online zu präsentieren. Die registrierte Domain ist der Name, den du dann überall im Internet vermarktest oder anderen weitersagst.

Schritt 3: Installiere ein Content-Management-System (zum Beispiel Wordpress)

Nachdem du dir Domain und Hosting gesichert hast, wird es Zeit, deine Website aufzubauen und Inhalte zu präsentieren. Ich habe mir damals Programmiersprachen wie HTML und CSS selbst beigebracht, weil ich dachte: »Richtig gute Leute programmieren ihre Seite selbst.« Außerdem war ich ja Informatikstudent und bin intuitiv sehr ins Detail gegangen.

Irgendwann hat mir aber ein Online-Marketer von dem »Content-Management-System« namens Wordpress erzählt. Als ich dann ein YouTube-Video darüber sah, dachte ich nur: »Verdammt, ist das einfach!«

Bei fast jedem Hosting-Anbieter kannst du mit einem Klick verschiedene Content-Management-Systeme installieren (ich empfehle Wordpress, da es am bekanntesten ist). Die Einrichtung ist sehr leicht; nach etwas Herumklicken wirst du schnell lernen, wie es funktioniert.

Für Content-Management-Systeme wie Wordpress gibt es außerdem Tausende Erweiterungen (Plug-ins) und Designs, die du mit einem Klick installieren kannst. So baut jeder

Anfänger in kürzester Zeit sehr professionelle Websites. Wenn du einen Computer anschalten kannst, kannst du auch ein Content-Management-System bedienen. In Wordpress kannst du beispielsweise per Drag-and-drop Bilder, Texte oder andere Elemente einfügen, wo auch immer du sie platzieren willst. Wordpress funktioniert intuitiv, nach etwas Herumprobieren kannst du es perfekt.

Schritt 4: Erstelle eine Landingpage

Wenn du dein Content-Management-System installiert hast, stellt sich die Frage, welche Seite du zuerst anlegen solltest.

Viele Unternehmer, vor allem Anfänger, machen den Fehler, eine Seite à la »Herzlich willkommen auf meiner Website, ich bin XXX und mache YYY« zu erstellen.

Das ist aber keine effektive Seite und bringt dir einfach nichts.

> Deine Seite sollte an die Bedürfnisse deiner Besucher angepasst sein, wenn du damit Geld verdienen möchtest.

Stell dir vor: Ein Besucher kommt auf deine Seite und muss innerhalb von Millisekunden verstehen, ob sein Problem hier gelöst wird. Online-Besucher sind egoistisch. Sie interessieren sich nicht dafür, wer du bist oder was du gerne magst. Sie kommen auf deine Seite und wollen innerhalb von Millisekunden wissen: »Gibt mir die Seite, was ich will, und bekomme ich hier die Lösung für mein Problem?«

Um dieses Bedürfnis deiner Website-Besucher zu stillen, brauchst du eine sogenannte »Landingpage«: eine Seite, die genau an die Bedürfnisse deiner Leser angepasst ist.

Vorher hast du dich ja für einen Produktpool bzw. eine Nische entschieden. Deine Landingpage sollte ganz schnell zeigen, dass du wertvolle Informationen und Tipps für diese Nische bietest. Wenn du dich für den Bereich Fitness entschieden hast, sollte deine Landingpage nichts mit Dating zu tun haben. Das würde die Besucher nur abschrecken und verwirren.

Außerdem braucht deine Landingpage ein Ziel.

Eins! Entweder willst du direkt etwas verkaufen oder Daten deiner potenziellen Kunden sammeln, damit du ihnen nachher per E-Mail-Marketing sinnvolle Tipps und Inhalte schicken kannst.

Ich empfehle dir, die Kundendaten zu sammeln. Denn wie ich schon gesagt habe, sind Kundendaten das wichtigste Vermögen für dein Online-Business.

Die meisten Online-Marketer (auch ich) konzentrieren sich hauptsächlich darauf, solche Daten zu sammeln. Wenn ich von Kundendaten spreche, geht es vor allem um die E-Mail-Adresse und gegebenenfalls noch den Namen deiner Kunden. Je mehr Daten ein Besucher nämlich eingeben muss, desto weniger werden sich eintragen.

Schritt 5: Erstelle ein kostenloses Give-away (Freebie)

Wenn ein Besucher auf deine Website kommt, kennt er dich noch nicht und hat nur eine grobe Vorstellung davon, was du machst. Du musst ihm also wie ein Wasserverkäufer in der Wüste ein unwiderstehliches Angebot machen, damit er seine Kundendaten eingibt.

Dafür stehen dir verschiedene Möglichkeiten offen. Wichtig ist aber, dass dein Angebot die Bedürfnisse des Kunden anspricht und ihn neugierig macht. Am leichtesten kannst du neue Kunden zur Dateneingabe bewegen, wenn du ihnen im Gegenzug etwas Wertvolles schenkst.

Zum Beispiel ein E-Book (elektronisches Buch oder elektronischer Report). Ein E-Book ist im Prinzip nichts anderes als ein Textdokument mit bestimmten Informationen.

E-Books kannst du selbst leicht in Microsoft Word (oder jedem anderen Textprogramm) erstellen und danach im PDF-Format speichern (exportieren). Mit einer PDF-Datei kannst du sichergehen, dass dein Besucher auch wirklich den Text aus deinem E-Book sieht und nicht versehentlich etwas löscht.

Dies könnte passieren, wenn du deinen Lesern zum Beispiel ein Word-Dokument schicken würdest. Wahrscheinlich hast du in deinem Leben schon sehr, sehr viele E-Books oder PDF-Dokumente gesehen.

Das E-Book, das du deinen Website-Besuchern anbietest, muss nicht groß sein und 50 oder 100 Seiten haben. Es kann auch nur drei Seiten umfassen. Hauptsache, es hilft deinen Besuchern dabei, ihre Probleme zu lösen.

Ein Beispiel für ein interessantes E-Book wäre »Wie du in drei Schritten deinen Ex-Freund zurückgewinnst«. Diese Tipps könntest du auf drei Seiten präsentieren und hättest damit ein interessantes Give-away, das du an deine Kunden verschenken kannst, wenn sie sich mit ihrer E-Mail-Adresse eintragen. Neben dem E-Book kannst du deinen Kunden auch etwas anderes anbieten. Zum Beispiel ein Online-Coaching-Video, das du selbst aufgenommen hast.

Auf deiner Landingpage würdest du beispielsweise schreiben: »Ich schicke dir 4 Videos mit meinen 4 besten Tipps, mit denen du innerhalb von 20 Tagen 5 Kilo abnehmen kannst. Diese Tipps bekommst du völlig kostenlos, wenn du dich jetzt unten einträgst.«

Dies ist zum Beispiel sehr interessant für Kunden, die bald in den Urlaub fahren und noch schnell ein paar Fettpolster loswerden möchten.

Wenn du möchtest – und je nachdem, in welcher Nische du dich bewegst –, kannst du auch ganze Online-Seminare kostenlos anbieten, in denen der Kunde etwas lernt. Denn auch Online-Seminare bieten deinen Website-Besuchern interessante Informationen.

Wichtig ist einfach, dass du auf deiner Landingpage den Schmerz deiner Besucher ansprichst und ihnen durch die richtigen Informationen eine Lösung bietest.

Welches Equipment brauchst du, um das Give-away für deine Landingpage zu erstellen?

Für die Erstellung eines E-Books brauchst du nichts und kannst komplett kostenlose Tools wie OpenOffice oder Google Drive nutzen. Auch Microsoft Word eignet sich wie erwähnt gut.

Falls du Videos erstellen möchtest, brauchst du auch dafür kaum Equipment. Nutze dein Handy und filme dich selbst.

Die Videoqualität moderner Handys ist sehr gut und reicht vollkommen aus. Alternativ kannst du auch eine Webcam nutzen (die ist in vielen Laptops integriert).

Denk nicht zu viel über die perfekte Produktion deines kostenlosen Give-aways nach. Es geht darum, die Probleme des Kunden zu lösen, und dafür brauchst du keine Hollywood-Produktion. Einfache Informationen reichen aus.

Wie du die passenden Informationen für dein Give-away findest

Wenn du nicht weißt, welches Problem du mit deinem Freebie lösen möchtest, solltest du dich tiefer gehend über deine Nische informieren und verstehen, welche typischen Probleme und Fragen deine Zielgruppe hat.

Du kannst dir sehr leicht an einem Tag ein Thema vornehmen, zum Beispiel »abnehmen«, und einen Text schreiben, in dem du Antworten auf die häufigsten Fragen gibst.

Öffne Microsoft Word (oder ein anderes Textprogramm) und schreibe auf, wie man am schnellsten in 20 Tagen abnimmt. Exportiere das ganze Dokument als PDF und schon hast du ein E-Book.

Du musst dich in diesem E-Book nicht einmal zeigen. Du brauchst auch kein Design oder irgendwelche Fotos. Tippe einfach drauflos und schon bald bist du fertig. Es ist kinderleicht, und jeder, der einen PC bedienen kann, kann auch so ein E-Book erstellen.

Egal ob du dich für Videos oder Texte entscheidest: Es geht nur darum, dass du das Problem deiner Besucher löst.

Mit welchem Medium du das machst, ist egal. Die Menschen auf deiner Seite haben ein Bedürfnis, einen Schmerz, den sie unbedingt mildern wollen.

Das kannst du schaffen, indem du ihnen die richtigen Informationen gibst. Als Belohnung tragen sie sich dann mit ihrer E-Mail-Adresse ein. Damit bestätigen sie: »Okay, schick mir bitte die kostenlosen Informationen zu.«

Und genau dann hast du den Kunden von dir überzeugt. Er hatte einen Schmerz und du hast diesen gelindert, weil du wertvolle Informationen zum Thema geschickt hast.

Wenn die Informationen (also dein E-Book bzw. dein Online-Coaching) hilfreich waren, wird der Kunde dir sein Vertrauen schenken, und ab diesem Zeitpunkt sieht er dich als Experten.

Ab hier wird es interessant!

Warum du deine Informationen kostenlos herausgeben solltest

Wie oben beschrieben sind Kundendaten das wirklich wertvolle Vermögen. Wenn du möglichst viele Daten interessierter Kunden möchtest, solltest du die Hürde für eine Eintragung möglichst gering setzen.

Am Anfang kennt der Besucher dich noch nicht. Wenn du also sofort Geld für deine Informationen verlangst, wird das viele Kunden abschrecken.

Sie wollen zwar die Informationen, aber es könnte sein, dass sie dir noch nicht vertrauen und deshalb dein Angebot ablehnen. Am Ende hast du dann gar nichts. Also, teile deine ersten Informationen kostenlos.

Wie alles zusammenpasst und du ein skalierbares Online-Business aufbaust

An diesem Punkt solltest du eine Domain, Webspace/Hosting, ein Content-Management-System und eine Landingpage haben, auf der du Kunden ein kostenloses E-Book (oder etwas anderes) anbietest.

Wenn Kunden sich auf deiner Website eintragen, werden sie in deinen E-Mail-Marketing-Verteiler aufgenommen. Dadurch bekommen sie von dir automatisch in bestimmten Abständen E-Mails (Autoresponder), in denen du ihnen deine Produkte (die du vorher ausgewählt hast) vorstellst.

Jedes Mal, wenn jemand ein Produkt über deinen Link kauft, bekommst du eine Provision. Vielleicht erwirbt nicht jeder Kunde alle Produkte, aber einige kaufen – und du verdienst schon etwas Geld.

Wie passt alles zusammen?

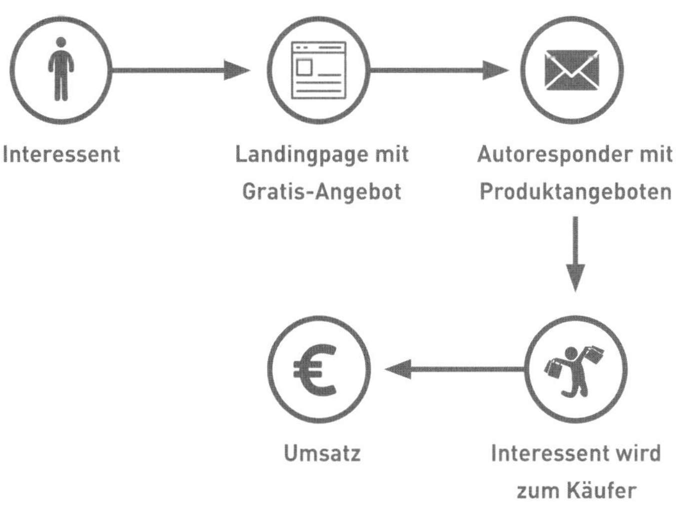

Wenn du diese Infrastruktur umgesetzt hast, kannst du dein Online-Business skalieren.

Dafür musst du wie folgt vorgehen (beachte bitte, dass die Zahlen nur Beispiele darstellen; deine echten Zahlen fallen bestimmt anders aus:

- Nehmen wir an, du bietest auf deiner Seite ein kostenloses E-Book zum Thema »5 Kilo in 20 Tagen abnehmen« an.
- Es kommen 100 Menschen auf deine Landingpage.
- 10 dieser 100 Besucher tragen sich mit ihrer E-Mail-Adresse für das E-Book ein (damit hast du 10 Prozent Konversionsrate auf deiner Seite).
- Diesen 10 Interessenten schickst du dann eine Reihe von E-Mails über deinen vorher eingerichteten Autoresponder.
- Einer dieser 10 E-Mail-Abonnenten kauft ein Produkt.
- Das Produkt kostet 300 Euro.
- Du verdienst daran 50 Prozent Provision, also 150 Euro.
- Das bedeutet also: 10 E-Mails sind 150 Euro wert.
- Damit hast du einen Wert von 15 Euro pro E-Mail-Abonnent, da du 150 Euro pro 10 E-Mail-Adressen verdienst (150 Euro geteilt durch 10 E-Mail-Adressen = 15 Euro Wert pro E-Mail-Adresse).

- Da ich ja vorher gesagt habe, du solltest deine investierten Werbeausgaben immer verdoppeln, teilst du diesen Betrag durch 2 und bekommst 7,50 Euro.
- 7,50 Euro ist der Betrag, den du für die Generierung einer E-Mail-Adresse ausgeben kannst, um guten Gewinn zu machen.

Bitte lies dir diese Rechnung noch einmal genau durch.

Sie ist wirklich sehr wichtig, um das Prinzip Online-Business und Online-Marketing zu verstehen.

Wenn du weißt, wie viel Geld du pro E-Mail-Adresse ausgeben darfst, musst du nur noch einen Weg finden, um für 7,50 Euro eine E-Mail-Adresse zu generieren. **Danach hast du den Online-Business-Code geknackt.**

Wie du deine erlaubten Werbeausgaben berechnest

100 Menschen besuchen die Landingpage

10 % Konversionsrate

10 tragen sich für das Gratis-E-Book ein

10 % Konversionsrate

1 Interessent davon kauft ein Produkt

50 % Provision pro Verkauf eines 300-€-Produkts

Du verdienst 150 € pro 10 E-Mail-Adressen

Rechnung = 150 € geteilt durch 10 E-Mail-Adressen

15 € Wert pro E-Mail-Adresse

50 % des E-Mail-Wertes

Erlaubte Werbeausgaben pro E-Mail-Adresse = 7,50 €

Sobald dieses System funktioniert, kannst du es Tausende Male aufsetzen und sehr viel Geld damit verdienen.

Monat für Monat wirst du deinen Umsatz verdoppeln.

Je mehr Geld du in Werbeanzeigen steckst, desto mehr Geld wirst du verdienen, wenn du Marketing beherrschst.

Stell dir vor, du gehst zu einem Banker und sagst: »Wenn ich das Geld einsetze, will ich es am nächsten Tag verdoppelt haben.« Jeder Banker würde dir sagen: »Sie spinnen! Das ist unmöglich.«

Und ob das möglich ist – nämlich mit einem funktionierenden Online-Business!

Kapitel 07: Wie du dein Online-Business-System weiter wachsen lässt

WENN DU DAS BESCHRIEBENE SYSTEM richtig umgesetzt hast, bist du schon sehr weit und hoffentlich sehr erfolgreich. Um dein Online-Business noch profitabler und erfolgreicher zu machen, gibt es nun verschiedene Möglichkeiten.

Du solltest dir immer überlegen: »Wie kann ich den Wert einer E-Mail-Adresse erhöhen?«, »Wie kann ich es schaffen, dass jeder Kunde mehr kauft?«, »Wie kann ich den Kundenwert erhöhen?« und »Wie kann ich günstiger neue E-Mail-Adressen bekommen?«

1. Erweitere dein Produktangebot

Du solltest viel testen und experimentieren, um die besten Produkte für deine E-Mail-Abonnenten zu finden. Manche Produkte kommen bei deinen Kunden besser an, manche eben schlechter. Du wirst sehr schnell merken, welche gerne gekauft werden.

Zusätzlich kannst du auch die Sequenz in deinem E-Mail-Autoresponder (dies sind zeitversetzte E-Mails, die automatisch verschickt werden) verlängern und weitere Produkte empfehlen.

Wenn ein Kunde vorher zum Beispiel nur 10 E-Mails bekommen hat, kannst du noch 5 weitere E-Mails mit 3 Produktempfehlungen hinzufügen. Dadurch steigt die Wahrscheinlichkeit, dass ein Kunde mehr Produkte kauft. So steigerst du auch den durchschnittlichen Wert deiner E-Mail-Adressen.

Wie du den Kunden- und E-Mail-Wert erhöhst

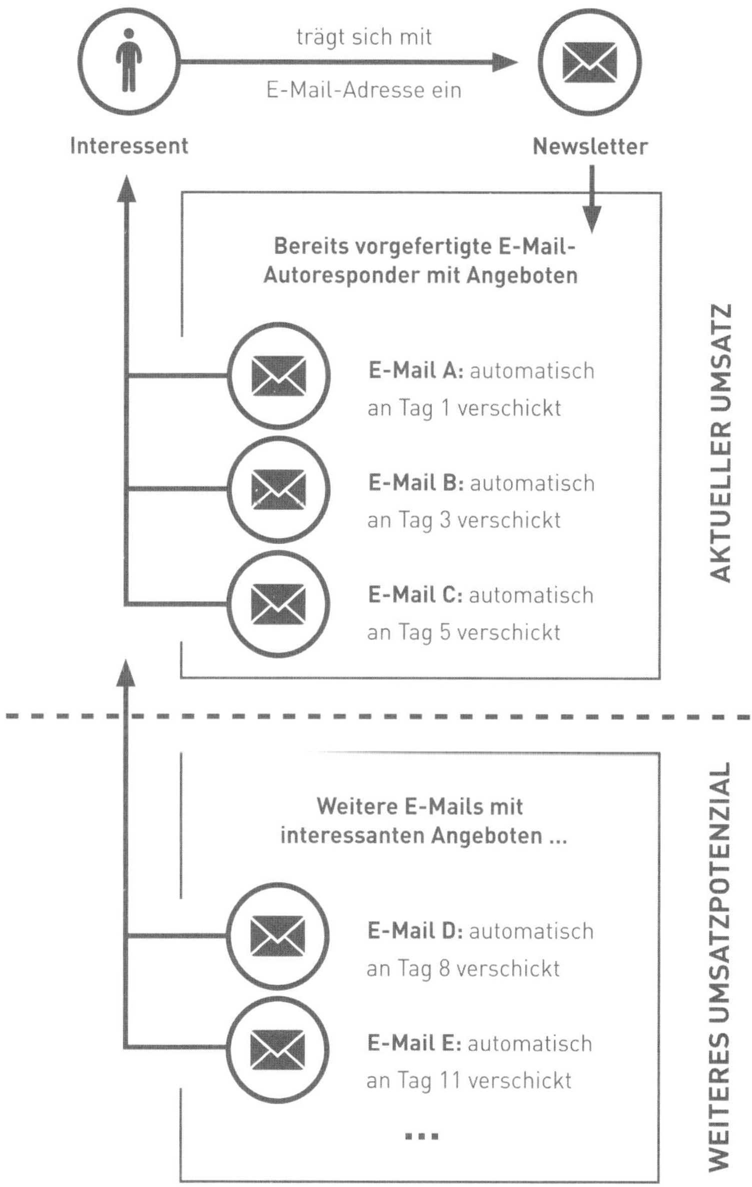

2. Verbessere deine Verkaufsfähigkeiten

Wenn du viel verdienen möchtest, musst du lernen zu verkaufen. Dazu gehört auch, dass du gute Verkaufstexte schreiben kannst (keine Angst, das kommt mit der Zeit). Der einfachste Weg, um bessere Verkaufstexte zu schreiben, liegt darin, persönlicher zu werden.

Ich duze mittlerweile zum Beispiel meine E-Mail-Abonnenten. Ich sieze sie nicht, weil durch das Du die persönliche Bindung viel stärker ist. Das ist für mich auch angenehmer, denn ich liebe meine Kunden – und zwar jeden einzelnen!

Gleichzeitig kaufen durch die persönliche Ansprache auch mehr Menschen meine Produkte.

Okay, deine Infrastruktur steht.

Du könntest Produkte verkaufen und brauchst jetzt nur noch Besucher, die sich mit ihrer E-Mail-Adresse auf deiner Seite eintragen.

Doch wie bekommst du Besucher auf deine Website? Das zeige ich dir im nächsten Kapitel!

Kapitel 08: Wie du viele neue Besucher auf deine Website lenkst

ZU DIESEM ZEITPUNKT SOLLTEST DU alle vorherigen Schritte bereits umgesetzt haben. Erst wenn die Infrastruktur steht und du Geld mit deiner Website verdienen könntest, lohnt es sich auch, Besucher zu gewinnen.

Besucher (oder Traffic) sind die Lebensader für dein Business und deine Website. Du brauchst unbedingt Menschen auf deiner Website, denn nur dann kannst du auch E-Mail-Adressen bekommen und Geld verdienen.

Du kannst den besten Verkaufsprozess der Welt haben, aber wenn kein Mensch deine Seite und deine tollen Verkaufstexte sieht, bringt dir das nichts und du wirst kein Geld verdienen.

Wenn du deine Website vorbereitet hast, musst du also Zeit investieren, um Besucher dorthin – genauer gesagt auf deine Landingpage mit dem kostenlosen Give-away (wie zum

Beispiel einem E-Book) – zu führen. Doch es geht nicht um irgendwelche Besucher. Es geht um solche Menschen, die zu deiner Website passen und sich für das dort präsentierte Thema interessieren.

Beispielsweise bringt es dir nichts, wenn du eine Website mit Dating-Tipps und -Produkten hast, aber nur Menschen sie besuchen, die an Fitness interessiert sind.

Es gibt grundsätzlich 2 Arten von Traffic (Besucherströmen)

1. Warmer Traffic

»Warm« bedeutet, dass die Leute schon ein bisschen Vertrauen zu dir haben, dich kennen oder sich bereits mit deiner Nische auskennen (also affiner sind). Sie wissen ungefähr, was sie erwartet, wenn sie auf den Link zu deiner Landingpage klicken.

Warmer Traffic ist super, weil sich mehr Menschen für deinen E-Mail-Newsletter eintragen oder mehr Menschen deine Produkte kaufen.

Ein Beispiel für warmen Traffic ist die Empfehlung eines anderen Unternehmers, der auf deine Website verlinkt. Ein weiteres Beispiel bildet eine E-Mail an deine Abonnenten, in der du auf eine Verkaufsseite eines Affiliate-Produkts verlinkst.

Warum nennt man das »warm«? Ganz einfach: weil die Besucher schon mit dir »warm geworden« sind. Sie wissen genau, wer du bist, welche Produkte du hast usw.

Die Vorteile warmen Traffics

Warmer Traffic ist wertvoll. Wenn du schon ein paar E-Mail-Adressen hast, kannst du anderen Online-Marketern einen Gefallen tun. Biete ihnen an, eine Nachricht an deine E-Mail-Abonnenten zu schreiben, in der du die Website des Partners vorstellst bzw. darauf verlinkst.

Da du kostenlos neue Besucher auf die Website des anderen Marketers lenkst, spart er Kosten.

Im Gegenzug werden manche Marketer dir helfen, noch mehr E-Mail-Abonnenten zu erhalten, indem sie warmen Traffic von ihrer E-Mail-Liste auf deine Website lenken.

Warmer Traffic ist gut, weil Menschen dir vertrauen. Und beim Verkaufen geht es immer nur um das Vertrauen. Wenn du jemanden kennst, der dir garantiert die erwünschten Ergebnisse bringt, würdest du ihm viel mehr bezahlen als jemandem, den du nicht kennst.

Die Nachteile warmen Traffics

Der größte Nachteil warmen Traffics liegt darin, dass er begrenzt ist. Schließlich hast du nicht ganz Deutschland (also circa 80 Millionen Kunden) in deiner E-Mail-Liste.

Du hast wahrscheinlich nur eine begrenzte Anzahl an Kunden, und anderen Unternehmern aus deinem Bereich geht es ähnlich. Auf der anderen Seite verkaufst du mit warmem Traffic aber viel, viel mehr. Im Normalfall kannst du aus warmem Traffic im Gegensatz zum kalten wahrscheinlich das Doppelte oder Dreifache herausholen.

2. Kalter Traffic

Beim kalten Traffic, dem Gegenstück zum warmen, weiß der Besucher überhaupt nicht, was ihn erwartet.

Wenn du kalten Traffic dazu bringen willst, etwas zu tun (also zum Beispiel sich auf deiner Seite einzutragen oder ein Produkt zu kaufen), musst du die Besucher in wenigen Sekunden von dir und deinem Angebot überzeugen.

> Du musst sofort klarmachen, dass du entweder eine Lösung für sie bietest oder sie unterhalten kannst. Am besten beides.

Kalter Traffic kommt zum Beispiel über Facebook-Werbeanzeigen. Es gibt viele Anbieter, bei denen du kalten Traffic kaufen kannst, aber gerade am Anfang solltest du dich auf Facebook-Werbung fokussieren. Denn unter den Anbietern für kalten Traffic ist Facebook die beste Quelle.

Fast jeder, den du kennst, hat wahrscheinlich einen Facebook-Account. Also kannst du dir vielleicht vorstellen, dass du über bezahlte Werbung auf Facebook sehr viele Menschen erreichen kannst.

Das Gute und Besondere an Facebook ist, dass jeder Nutzer ja verschiedene Seiten, Interessen oder Hobbys »liked«. Dadurch weiß Facebook sehr genau, wofür ein Mitglied sich interessiert. Alle Mitglieder bei Facebook geben gerne und freiwillig ihre Informationen preis.

Es gibt bisher keine Plattform, mit der du so detailliert und gezielt Menschen ansprechen kannst. Nicht mal bei Google teilen die Nutzer so viele ihrer persönlichen Informationen (außer bei der Google-Suche – aber da wird nur ein Bedürfnis eingegeben und nicht, welche Hobbys und generellen Interessen man hat).

Bei Facebook zeigt man zum Beispiel: »Welche Seiten mag ich? Wie alt bin ich? Welche Hobbys habe ich? Geschlecht? Was ist mein Beruf? Wo wurde ich ausgebildet? An welche Religion glaube ich?«

Alle Mitglieder bei Facebook teilen ihre Informationen komplett freiwillig, um sich in der Öffentlichkeit zu präsentieren und darzustellen. Für dich als Online-Marketer oder Unternehmer ist Facebook deshalb die beste Quelle für kalten Traffic.

Die Vorteile kalten Traffics

Kalten Traffic gibt es überall, du kannst ihn für relativ wenig Geld einkaufen. Diese Art Traffic kannst du also perfekt skalieren und nutzen, um dein Online-Business zu vergrößern.

Die Masse an kaltem Traffic ist fast unbegrenzt oder zumindest sehr, sehr groß.

Denn gerade bei Facebook kannst du einfach nach Menschen filtern, die sich für Fitness interessieren, und bekommst dabei eine Reichweite von 500.000 oder mehr Menschen, denen du deine Werbung anzeigen lassen kannst.

Auf den ersten Blick sieht Facebook einfach nur aus wie ein Topf voller Menschen. Aus meiner Sicht – der Online-Business-Sicht – ist Facebook aber ein Topf mit einem nützlichen Interessengruppen-Raster.

Du kannst dir eine Nische auswählen (zum Beispiel Fitness), ein Online-Business in diesem Bereich aufbauen und danach zur nächsten Nische gehen und nach demselben Prinzip auch für diese ein Online-Business aufbauen.

Denn schließlich kannst du mit sehr wenig Aufwand über Facebook-Werbeanzeigen genau die Menschen ansprechen, die zu deinem Angebot passen.

Wie die meisten Menschen Facebook sehen

Wie Online-Marketer Facebook sehen

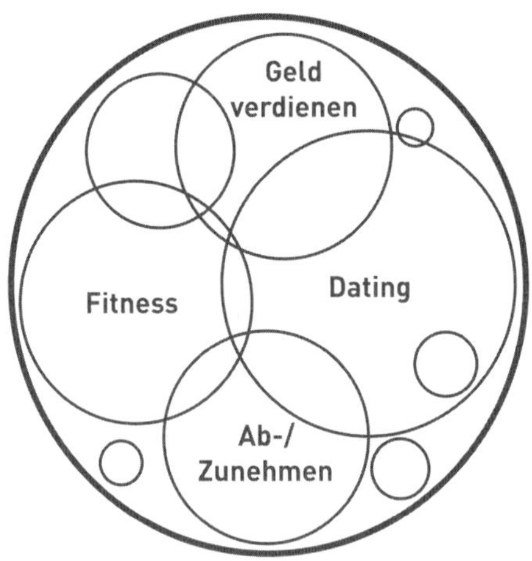

Die Nachteile kalten Traffics

Es gibt zwar viele Möglichkeiten, kalten Traffic zu generieren, aber dafür wirst du damit auch weniger Umsatz pro Besucher machen.

Denn es ist schwieriger, Kunden von dir und deinem Produkt zu überzeugen, die dich noch nicht kennen.

Wenn du es richtig machst, kannst du deinen Umsatz mit kaltem Traffic – wie zum Beispiel über Facebook – aber verdoppeln, manchmal sogar verdreifachen. Das bedeutet, du steckst einen Euro in Werbung und verdienst damit drei.

Manchmal habe ich es sogar geschafft, den Einsatz zu verzehnfachen.

Das ist mit Facebook möglich. Doch um das zu schaffen, brauchst du gute Verkaufs- und Marketing-Fähigkeiten. Was genau dabei wichtig ist, zeige ich dir in meinem kostenlosen Facebook-Webinar:

www.marketing-rakete.com/facebook-webinar

Wenn du noch mehr über die unterschiedlichen Traffic-Arten lernen willst, solltest du dir außerdem mein kostenloses Online-Seminar auf **www.evergreensystem.net** anschauen.

Meine Facebook-Erfolgsgeschichte oder »Wie ich mit 2.500 Euro 110.000 verdient habe«

Kurz vor dem Launch (Start) meines Start-up-Produkts hat mir mein guter Freund und Geschäftspartner Jakob Hager auf Skype geschrieben:

»Hey Said, ich weiß, du bist bestimmt beschäftigt, aber hast du fünf Minuten Zeit? Mehr nicht. Es geht um was Wichtiges, das dich interessieren könnte.«

Obwohl ich unter großem Zeitdruck stand, merkte ich, dass er wirklich etwas Wichtiges besprechen wollte. Also nahm ich mir die fünf Minuten. In unserem Chat fragte Jakob mich:

»Hast du schon darüber nachgedacht, für den Launch deines neuen Produkts Facebook-Remarketing zu nutzen?«

Remarketing bedeutet, dass Kunden, die schon mal auf deiner Website waren, mit einer gezielten und individuellen Botschaft auf Facebook angesprochen werden. Da sie schon mal von dir gehört haben, klicken mehr Menschen auf die Anzeigen und kaufen schließlich auch dein Produkt.

Ich antwortete: »Nein, ich kam leider noch nicht dazu.«

Jakob: »Gut, ich wollte deine Meinung dazu hören. Würdest du mir zutrauen, dass ich das für dich mache?«

Darauf ich: »Klar, du hast alle Zugänge, du bist der Facebook-Marketing-Experte und ich vertraue dir mein Budget an. Probier es gerne aus.«

Gesagt, getan.

Er sagte zu mir: »Super, du musst mir auch nichts schicken. Ich nutze einfach ein Bild, das ich schon von dir habe, und schreibe den Text selbst.«

Danach setzte Jakob seine Idee selbstständig um.

Dieses Gespräch, diese fünf Minuten haben mir am Ende 110.000 Euro eingebracht.

Wir haben 2.500 Euro in Facebook-Werbung investiert und am Ende ca. 110.250 Euro herausbekommen. Glaube mir: Das war der genialste Moment überhaupt!

Screenshot aus Digistore24

betrag EUR: 191.144,00 Nettobetrag EUR: 165.767,9 Ihre Einnahmen EUR: 110.228,74 Einnahmen I

tionen	Datum	Zeit	Bestell-ID	Rate Nr.	Tr-ID	Transaktionstyp	Brutto-betrag	Nettobetra
	06.04.2016	23:19	[illegible]	1	3837017	Zahlung	99,00 €	83,19 €
	06.04.2016	23:18	[illegible]		3837013	Zahlung	49,00 €	40,83 €
	06.04.2016	23:17	[illegible]		3837007	Zahlung	447,00 €	375,63 €
	06.04.2016	23:10			3836963	Zahlung	447,00 €	375,63 €
	06.04.2016	22:50	[illegible]	1	3836845	Zahlung	1,00 €	0,84 €
	06.04.2016	22:41	[illegible]	1	3836759	Zahlung	165,00 €	138,66 €
	06.04.2016	22:37	[illegible]		3836721	Zahlung	49,00 €	41,18 €
	06.04.2016	22:32	[illegible]	1	3836719	Zahlung	1,00 €	0,84 €
	06.04.2016	22:28	[illegible]	1	3836693	Zahlung	1,00 €	0,84 €
	06.04.2016	22:25	[illegible]		3836673	Zahlung	198,00 €	166,39 €
	06.04.2016	22:24	[illegible]		3836671	Zahlung	198,00 €	166,39 €
	06.04.2016	22:20	[illegible]		3836641	Zahlung	447,00 €	375,63 €
	06.04.2016	22:16	[illegible]	1	3836585	Zahlung	165,00 €	138,66 €
	06.04.2016	22:10	[illegible]	1	3836557	Zahlung	1,00 €	0,84 €
	06.04.2016	22:07	[illegible]		3836527	Zahlung	197,00 €	165,55 €
	06.04.2016	22:03	[illegible]		3836495	Zahlung	198,00 €	166,39 €
	06.04.2016	22:00	[illegible]		3836457	Zahlung	49,00 €	41,18 €

Was ich mit dieser Geschichte sagen will? Egal was du sonst so hörst: Facebook funktioniert wunderbar, und diesen Kanal kannst du skalieren ohne Ende.

Dieses Beispiel war in meinem Leben als Unternehmer die mit Abstand beste und höchste Skalierung (oder der beste Return on Investment), die ich je hatte. Dafür danke ich nicht nur Facebook, sondern natürlich auch meinem Kollegen Jakob Hager, der das realisiert hat.

An diesem Beispiel kannst du gut sehen, dass Facebook sich lohnt – und genau deshalb solltest du auch mit Facebook starten.

Welche Besucherquellen solltest du neben Facebook sonst noch nutzen?

Es gibt extrem viele Möglichkeiten, neue Besucher auf deine Website zu führen. Zum Beispiel Google AdWords, Klick-Netzwerke, Foren usw. usw.

Dennoch empfehle ich dir, dich auf dieselben Strategien zu verlassen, die ich auch genutzt habe. Am Anfang habe ich meine Liste über Facebook aufgebaut und mich darauf konzentriert.

Denn Facebook ist im Vergleich zu anderen Traffic-Quellen sehr, sehr einfach zu benutzen. Die Klicks auf deine Werbeanzeigen sind auf Facebook extrem günstig, trotzdem ist die Qualität durch die gute Unterteilung in Interessengruppen sehr hoch. Dadurch kannst du ziemlich sicher sein, dass Menschen, die über Facebook gekommen sind, sich auch für dein Angebot interessieren.

Bei anderen Werbe-Netzwerken hast du höhere Klickpreise und kannst nicht so genau steuern, welche Menschen deine Website sehen sollen. Das bedeutet, sie sind nicht so gut »targetiert« (zielgerichtet) wie bei Facebook.

Nachdem ich bei Facebook sehr viel Gewinn gemacht hatte, nahm ich diesen und kaufte Besucher bei anderen Anbietern ein. Bei den meisten brauchst du aber viel Kapital, um deine Werbung schalten zu dürfen.

Ich rate dir also wirklich, zuerst gute Gewinne mit Facebook zu machen, bevor du andere Werbemöglichkeiten ausprobierst (circa 15.000 Euro Reingewinn oder mehr). Das Risiko ist bei anderen Anbietern höher, aber wenn du es richtig machst, kannst du viel gewinnen.

Wie du Facebook und kalten Traffic richtig einsetzt, zeige ich dir übrigens auch in meinem Evergreensystem unter **www.evergreensystem.net** sehr genau.

Vielleicht fragst du dich jetzt: »Wieso überhaupt für Werbung und Besucher bezahlen? Es gibt doch bestimmt auch Möglichkeiten, kostenlos Besucher zu bekommen?!«

Das stimmt.

Es gibt viele Möglichkeiten, allerdings liefern dir nur Facebook-Werbeanzeigen verlässliche und wirklich skalierbare Ergebnisse. Bei Facebook oder anderen Werbeanzeigen weißt du immer: Wenn du einen Euro reinsteckst, bekommst du X neue Besucher.

Solange du weniger für die Gewinnung eines Kunden bezahlst, als du pro Kunde verdienst, bist du profitabel und kannst deine Werbeausgaben erhöhen, um noch schneller Geld zu verdienen.

Wie du Werbeanzeigen auf Facebook profitabel einsetzt

Wert einer E-Mail-Adresse	Werbekosten für die Generierung einer neuen E-Mail-Adresse	Gewinn pro E-Mail-Adresse

	Profitable Werbeanzeige	Verlustgeschäft
E-Mail-Wert	10 €	2 €
Werbekosten	–5 €	–4 €
Verdienst pro E-Mail	5 € ✔	–2 € ✘

Wie ich mit Facebook-Werbung sehr schnell gewachsen bin

Als ich damals begann, mein Evergreensystem zu verkaufen, konzentrierte ich mich zuerst komplett auf Facebook-Anzeigen. Dort konnte ich innerhalb eines Monats 40.000 Euro Umsatz generieren.

Lass mich dir kurz erklären, wie das Prinzip funktioniert. Bei Facebook kannst du schon Werbeanzeigen für sehr, sehr wenig Geld schalten. Unter zehn Euro.

Mit ähnlich kleinen Summen bin ich auch gestartet. Aus 100 Euro konnte ich dann 230 Euro machen. Als ich gemerkt habe, dass die Werbeanzeige und mein Verkaufsprozess funktionierten, habe ich weitere 100 Euro investiert und dann noch mal meinen Einsatz verdoppelt.

Als ich mit 200 Euro über 400 Euro Gewinn machte, investierte ich wieder die 400 Euro und konnte auch diese wieder verdoppeln. Das Tolle war, dass die Kunden den Kurs per PayPal gekauft haben und ich von meinem PayPal-Konto sofort wieder die Facebook-Werbung bezahlte.

So musste ich nicht zuerst einige Tage warten, bis das Geld auf meinem Bankkonto war, sondern konnte an einem Tag den ganzen durch die Kursverkäufe generierten Gewinn meines Kontos mehrfach in Werbung investieren.

Das ermöglichte mir schnelles Wachstum. Am Ende des Monats schaute ich auf mein PayPal-Konto und sah 40.000 Euro, die ich sofort auf mein Bankkonto einzahlen konnte.

Schnell skalieren durch die PayPal-Strategie

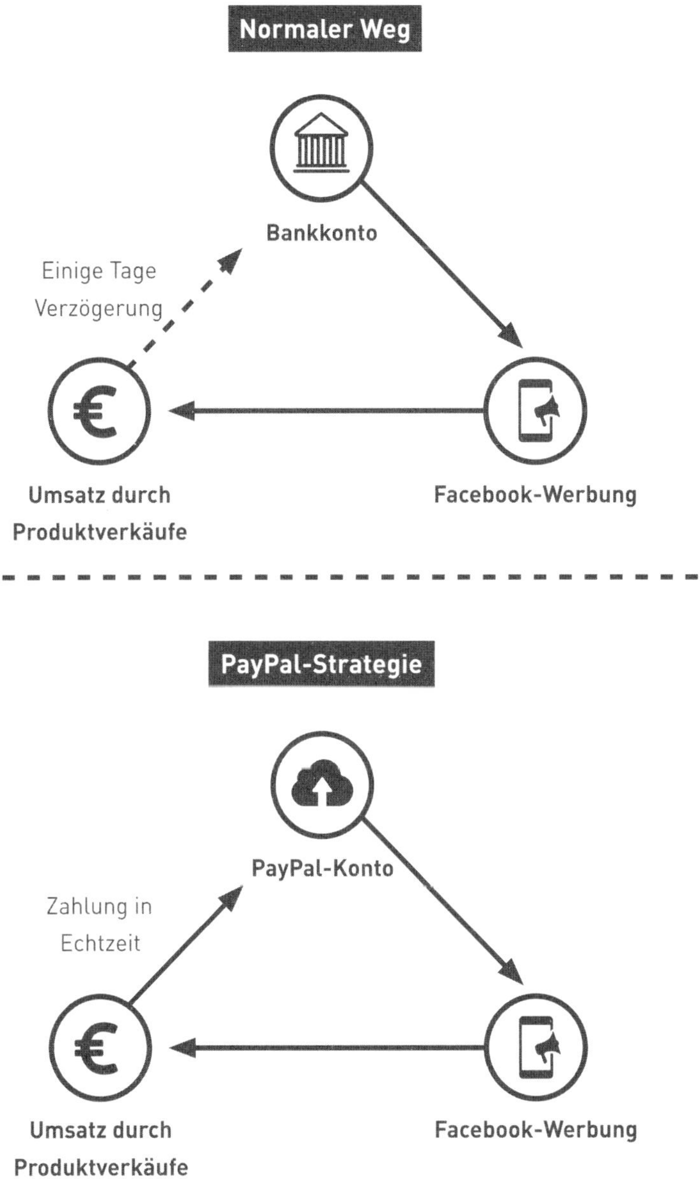

Kannst du dir vorstellen, was für ein geiles Gefühl es war, 40.000 Euro direkt auf mein Bankkonto einzuzahlen? Du investierst am Anfang 100 Euro und bekommst am Ende 40.000 Euro raus. Das war einfach der Hammer!

Das war einer der Momente, in denen ich mir nur dachte: Wenn man das Prinzip versteht, ist es richtig einfach. Du musst einfach ein bisschen weiterdenken als andere und die Schritte aus diesem Buch umsetzen.

Bereit für den nächsten Schritt?

Wenn du dieses Buch bis hierhin gelesen und die Inhalte angewandt hast, solltest du bereits einen Produktpool (Auswahl mehrerer Produkte) haben, den du über Affiliate-Marketing bewirbst.

Dein Produktpool sollte aus sehr beliebten Produkten bestehen, die sich gut verkaufen und bekannt sind. Du solltest außerdem eine gute Verkaufs-Infrastruktur haben.

Das heißt: Besucher können sich auf deiner Website mit ihrer E-Mail-Adresse eintragen, um ein kostenloses Give-away, das du vorher erstellt hast, herunterzuladen.

Wenn ein Besucher sich mit seiner E-Mail-Adresse einträgt, bekommt er automatisch zeitversetzt die Autoresponder-E-Mails, die du vorher eingerichtet hast.

In diesen E-Mails stellst du deinem Besucher verschiedene Produkte vor und verlinkst über deinen Affiliate-Link auf die entsprechenden Verkaufsseiten der Produkte.

Du kennst den ungefähren Wert einer E-Mail-Adresse und kaufst Besucher über Facebook ein, die sich auf deiner Seite registrieren. Du generierst erste Umsätze und hast schon die perfekten Voraussetzungen geschaffen, um ein skalierbares Online-Business aufzubauen.

Mit diesem System kannst du schon sehr gut und sehr viel verdienen. Du kannst dir ein Leben in Freiheit ermöglichen und aus dem Hamsterrad aussteigen.

Du hast eine Maschine, die super funktioniert, und wenn du vorne einen Euro reinsteckst, kommen am Ende mindestens zwei Euro heraus. Falls du Probleme damit hast, zeige ich dir in meinem kostenlosen Online-Seminar, wie ich es gemacht habe: **www.evergreensystem.net**.

Jetzt geht es darum, dein Business zu vergrößern und wirklich hohe Umsätze zu machen. Dazu mehr im nächsten Kapitel.

Kapitel 09: Wie du dein perfektes Online-Business skalierst

IN DIESEM KAPITEL MÖCHTE ICH DIR ZEIGEN, wie du dein Online-Business noch weiter vergrößerst (skalierst). Über diesen Schritt solltest du erst nachdenken, wenn deine »Online-Business-Maschine« bereits auf niedrigem Level funktioniert.

Du musst die drei genannten Bausteine (Produkt, Verkaufsprozess, Besucherströme) so lange optimieren, bis du einen Euro hineinstecken kannst und am Ende zwei Euro herausfallen.

Was ist, wenn deine Geldmaschine noch nicht funktioniert?

Nehmen wir an, du bekommst für jeden in Werbung investierten Euro auch nur einen Euro zurück (dann bist du sozusagen bei plus/minus null Euro). Wenn du das schaffst, bist du schon auf einem sehr guten Weg, denn du sammelst sozusagen kostenlos neue Kundendaten ein.

Wie ich anfangs im Buch erwähnte, sind die sehr wichtig. Deinen neuen Kunden kannst du mit der Zeit immer wieder neue Produkte vorstellen und verkaufen. Kundendaten sind deine Rente. Wenn du beispielsweise 30.000 E-Mail-Adressen von Kunden gesammelt hast, die sich für ein bestimmtes Thema interessieren, kannst du diesen Kunden ein Produkt vorstellen und verdienst automatisch Geld.

Im Idealfall verdoppelst du deinen »Return on Investment« aber mindestens und machst mit jedem investierten Euro für Werbung einen Euro oder mehr Gewinn.

Falls das noch nicht klappt, kannst du Folgendes machen: Schreibe oder rufe deine E-Mail-Abonnenten an und frage sie nach ihrer Meinung.

Bringe in Erfahrung, was sie an deinen Tipps mögen und was nicht. Lerne sie persönlich kennen und stelle ihnen Fragen, um ihre Wünsche und Bedürfnisse herauszufinden.

Wenn du Produkte bewirbst und niemand sie kauft, hat das einen Grund. Vielleicht empfiehlst du die ganze Zeit Produkte, die eigentlich niemanden interessieren.

Außerdem gibt es immer diese drei Bausteine, die du optimieren solltest:

1. den Besucherstrom oder die Traffic-Art
2. dein kostenloses Angebot
3. deinen Verkaufsprozess.

Du solltest deine Website analysieren und überlegen, welcher dieser drei Bausteine schlecht funktioniert. Als Online-Unternehmer musst du diese drei Dinge immer im Fokus behalten und optimieren.

In einem dieser drei Bausteine liegt der Grund, warum du dein Geld nicht verdoppelst – oder sogar in allen drei Bausteinen.

Die drei Online-Business-Bausteine

Drei weitere Möglichkeiten, wie du deinen Umsatz explodieren lässt

Wenn du deine Prozesse optimiert hast und für jeden investierten Euro zwei Euro zurückbekommst, solltest du diese Strategien nutzen.

1. Erhöhe dein Werbebudget noch weiter

Auch wenn das logisch erscheint: Wenn deine Online-Business-Maschine (Online-Business-Funnel oder auch »Trichter«) funktioniert und du aus einem Euro zwei machen kannst, solltest du dein Werbebudget erhöhen. Im ersten Moment hast du vielleicht Angst, dass etwas nicht mehr klappt.

Ich bin damals sehr riskant vorgegangen und habe mein Budget sofort verdoppelt, sobald etwas funktionierte. Wenn du vorsichtiger vorgehen möchtest, kannst du dein Budget aber auch langsam steigern und zum Beispiel mit 20 Euro am Tag beginnen.

Wenn nach ein paar Tagen immer noch alles funktioniert, steigerst du dein tägliches Budget zum Beispiel um 10 Euro und gibst dann täglich 30 Euro für Werbung aus. Sobald das wieder funktioniert, kannst du wieder um 10 Euro erhöhen usw.

Dies machst du so lange, bis du alle Menschen bei Facebook erreichst hast, die sich für dein Thema interessieren, und jeder passende Kunde deine Werbeanzeige mindestens einmal gesehen hat. Irgendwann ist diese nicht mehr profitabel und du musst eine neue erstellen.

Warum? Deine Werbungskosten hängen bei Facebook (und vielen anderen Plattformen) von der Wirkungskraft/Relevanz deiner Werbeanzeigen ab.

Je mehr Menschen auf deine Werbeanzeige klicken, nachdem sie sie gesehen haben, desto günstiger ist auch der Klickpreis. Hier spricht man von einer hohen »Klickrate«.

Je weniger Menschen auf deine Werbung klicken (also je geringer die Klickrate), desto teurer der Klickpreis.

Nachdem deine gesamte Zielgruppe die Facebook-Werbeanzeige gesehen und alle Interessenten darauf geklickt haben, sinkt die Klickrate deiner Werbeanzeige.

Die Nutzer, die an deinem Angebot interessiert waren, haben die Anzeige bereits angeklickt. Diejenigen, die kein Interesse haben, sind irgendwann genervt.

Facebook muss also immer mehr Menschen deine Werbung zeigen, bis jemand darauf klickt. Dadurch steigen deine Kosten pro Klick so lange, bis die Werbeanzeige sich nicht mehr lohnt (weil du mehr Ausgaben als Einnahmen pro Kunde hast). Zu diesem Zeitpunkt musst du eine neue Werbeanzeige erstellen.

Der Facebook-Werbungs-Kreislauf

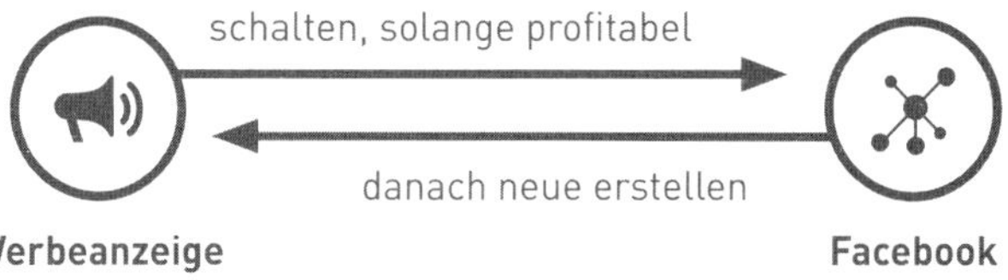

Bei einer neuen Facebook-Werbeanzeige wären zum Beispiel dein Banner, dein Text oder deine Landingpage ein bisschen anders.

Im Grunde bleibt das Prinzip aber immer dasselbe. Wenn du aus einem Euro zwei Euro machen kannst, bist du ganz nah dran, aus 1.000 Euro auch 2.000 Euro zu machen.

Um das zu schaffen, solltest du wie gesagt einfach kleine Schritte gehen. Denn manchmal kann es sein, dass du aus 100 Euro zwar 200 Euro machen kannst, weil zufällig ein paar hoch rentable Kunden dabei waren; dennoch bekommst du auf einmal Probleme, aus 1.000 die 2.000 Euro zu machen, weil das Gesetz der großen Zahlen immer wichtiger wird.

Dieses Gesetz besagt, dass du verlässliche Ergebnisse erst dann bekommst, wenn du dein (Marketing-)»Experiment« mit einer größeren Masse von Menschen ausprobiert hast.

Erst wenn viele unterschiedliche Kunden – also zahlende und auch nicht zahlende – deine Werbeanzeigen sowie Landingpage gesehen und deine Produkte gekauft haben, kannst du einen zuverlässigen Durchschnittswert pro Kunde berechnen.

Also, wie gesagt: Erhöhe das Budget, aber gehe schrittweise vor.

2. Verbünde dich mit anderen (Joint-Ventures)

Eine weitere Möglichkeit, dein Business schnell zu vergrößern, sind sogenannte Joint-Ventures oder auch Partnerschaften. Das bedeutet, beide Unternehmer ziehen an einem Strang und helfen sich gegenseitig dabei, erfolgreich zu sein. Beide profitieren. Sei es durch Geld, Ressourcen, Zeit, Kontakte oder irgendwie anders.

Wenn du beispielsweise Fitness-Produkte verkaufst, könntest du eine Partnerschaft mit einem Unternehmer eingehen, der auch Fitness-Produkte verkauft. Beispielsweise ein Coach, der auch eine E-Mail-Liste von Kunden hat. Du kannst diesen Unternehmer einfach anschreiben und sagen:

»Hey, wie wäre es, wenn ich über meine Liste/Website/Fanpage/meinen YouTube-Kanal für dich Werbung mache und du für mich Werbung machst?«

Vielleicht fragst du dich gerade, warum jemand Werbung für deine Produkte machen sollte. Doch jede Partnerschaft hat Vorteile für beide Seiten.

Wenn ihr die Kunden aus euren E-Mail-Listen auf die Landingpages des jeweils anderen lenkt (nicht die Produktseiten, sondern die Landingpages mit dem Gratis-Give-away), gebt ihr euren Lesern sofort guten Mehrwert und sie freuen sich über den Hinweis.

Dein Business-Partner und du bekommt dadurch viele neue Kunden und Leads (und dank deines automatisierten Systems auch Umsatz). Das ist übrigens auch der Grund, warum alle Internet-Unternehmer sich – obwohl sie in derselben Branche unterwegs sind – so lieb haben. Wir stecken gerne die Köpfe zusammen.

Wenn es bei einem nicht läuft, helfen die anderen weiter (zumindest die meisten, wenn sie gute Unternehmer sind). Warum? Weil jeder weiß, dass der andere es auch für ihn machen würde.

Meiner Meinung nach gibt es kaum ein anderes Business, in dem beide Unternehmer Konkurrenten und gleichzeitig Partner sein können. Wenn du dich als Online-Unternehmer mit einem anderen Unternehmer aus derselben Nische verbündest, profitiert ihr beide davon.

Es gibt natürlich auch Unternehmer, die sagen: »Nein, ich will mich nicht mit anderen verbünden.« Doch sie sind meistens diejenigen, die klein und wenig erfolgreich sind. Die großen (guten) Online-Marketer helfen dir immer weiter.

Wichtig ist allerdings, dass du einen Partner auf Augenhöhe findest. Kein Unternehmer mit einer 50.000-Kontakte-Liste macht Werbung für dich, wenn du »nur« 2.000 Kontakte hast. Sprich die Menschen an, die sich auf deinem Level befinden.

Deine Business-Partnerschaften oder Joint-Ventures musst du übrigens nicht auf den E-Mail-Kanal begrenzen. Wenn du irgendwo eine Community hast (zum Beispiel auf YouTube, Facebook, Twitter etc.), kannst du diese nutzen und andere Unternehmer dort empfehlen bzw. dich auf den Kanälen anderer Unternehmer empfehlen lassen.

Interessant sind auch gemischte Kooperationen. Wenn du beispielsweise eine große Facebook-Gruppe hast und der andere einen erfolgreichen YouTube-Kanal, könnt ihr auch zwischen unterschiedlichen Plattformen Kooperationen eingehen und davon profitieren.

Der schlimmste Fehler, den du bei Business-Partnerschaften machen kannst

Ich persönlich befolge eine wichtige Regel, die mir immer sehr viel gebracht hat: Erst geben, dann nehmen!

Ein Beispiel: Als ich mit meinem Online-Business angefangen habe, machte ich mir eine Liste von Marketern, mit denen ich sehr gerne zusammenarbeiten wollte. Das war mein Ziel.

Und ich war erfolgreich: Mit jedem Marketer auf dieser Liste habe ich bis heute zusammengearbeitet. Entweder habe ich meine Kunden auf seine Seite aufmerksam gemacht oder er hat seine Kunden auf mich aufmerksam gemacht. Mit einigen habe ich auch Projekte oder Produkte entwickelt.

Wie ich an die Sache herangegangen bin? Zuerst überlegte ich mir, was ich diesen Online-Marketern bieten könnte. Ich schrieb sie an und fragte: »Hey, soll ich meinen Kunden dein Produkt empfehlen? Oder wie kann ich sonst helfen?«

Die Antworten waren überraschend positiv. Viele haben sich gewundert und gesagt: »Diese Frage hat mir noch nie jemand gestellt.«

Ich habe einfach nur gegeben. Komplett kostenlos. Im Gegensatz zu vielen anderen.

Dadurch hatten aber alle Marketer das Gefühl oder Bedürfnis, mir auch etwas zurückzugeben. Das steckt in unseren Genen und nennt sich übrigens »Gesetz der Reziprozität«: Wenn jemand uns etwas Gutes tut, wollen wir auch etwas Gutes für ihn oder sie tun.

Genauso funktioniert übrigens auch das Prinzip Landingpage mit kostenlosem Give-away. Wenn jemand auf deine Website kommt und sieht: »Hier will mir jemand kostenlos helfen. Ich habe so tolle Informationen bekommen, die mein Problem gelöst haben. Jetzt möchte ich auch etwas zurückgeben.«

Der Kunde, der sich mit seiner E-Mail-Adresse eingetragen hat, weiß zu dem Zeitpunkt aber nicht, dass diese viel wertvoller ist als die kostenlosen Informationen.

Also, wie gesagt: Baue Beziehungen zu Marketern auf und frage sie, wie du ihnen helfen kannst. Wenn du das machst und ihnen dabei hilfst, ihre Probleme zu lösen, werden sie dir für immer treu bleiben.

Immer wenn beispielsweise ein großer Online-Marketer meine Produkte empfohlen hat, habe ich ihm eine Runde iPads geschenkt. Immer. Ich habe das auch nicht angekündigt, sondern es einfach gemacht.

Mir war egal, was die Ergebnisse davon waren, denn ich wusste, dass sich die Empfänger darüber freuen würden.

Also habe ich ihnen die iPads geschickt. Ein iPad kostet circa 400 Euro, aber trotzdem haben sich die Marketer extrem darüber gefreut. Meistens so sehr, dass sie meine Produkte noch ein paar weitere Male empfohlen haben.

Ich habe zwar 400 Euro investiert, aber im Gegenzug 20.000 Euro oder 30.000 Euro Verkaufsprovision verdient (und der Marketer auch, weil er ja 50 Prozent Provision bekommen hat). Wie du siehst, sind diese 400 Euro für ein iPad also im Vergleich dazu nichts und lohnen sich extrem.

Deshalb kann ich immer wieder sagen: geben, geben, geben! Danach kannst du ruhig nehmen. Aber schreibe niemals Menschen an und sage: »Hey, ich will eine Partnerschaft mit dir und gebe dir 50 Prozent von meinem Erlös.«

Wenn der Marketer auch nur ein bisschen bekannt ist, bekommt er solche E-Mails täglich.

- Er weiß nicht, wer du bist.
- Er weiß nicht, ob dein Produkt gut ist.
- Er weiß nicht, ob er seinen Ruf damit aufs Spiel setzt.
- Also, gib zuerst!

Sag lieber: »Hey, ich will dein Produkt empfehlen.« Ohne zu sagen: »Ich will 50 Prozent davon verdienen.« Sag einfach: »Ich will Werbung für dich machen!«

Glaube mir, damit begeisterst du deine Business-Partner und wirst sehr schnell wachsen.

3. Outsourcing: Lagere deine Arbeit aus

Outsourcing bedeutet: Aufgaben an andere Mitarbeiter oder Freiberufler (Freelancer) abgeben. Meistens solltest du Aufgaben auslagern, die wichtig für dein Business sind, aber ein anderer genauso gut wie du (oder besser) umsetzen kann.

Wie dir Outsourcing dabei hilft, zu skalieren

Je größer und erfolgreicher dein Online-Business wird, desto mehr Aufgaben kommen auf dich zu. Doch der Tag hat nur 24 Stunden. Irgendwann sind deine Zeit und Energie erschöpft, und als Unternehmer solltest du dich immer auf die Dinge konzentrieren, die kein anderer machen kann.

Auch ich hatte irgendwann keine Zeit mehr, als mein Business immer weiter wuchs. Warum?

Mit einem Online-Business wirst du regelmäßig E-Mails von Kunden bekommen, die einfache Rückfragen stellen: »Wie sind die Zahlungsbedingungen?«, »Gibt es eine Garantie?«, »Was ist, wenn mir das Produkt nicht gefällt?« und so weiter. Wenn du all diese E-Mails selbst beantworten müsstest, würden Tage vergehen.

Leider verdienst du mit dem Support kein Geld und solltest deine Zeit eher in Marketing, Produktentwicklung und den Aufbau neuer Beziehungen investieren. Ich empfehle dir deshalb, deinen Kundensupport auszulagern – auch »Outsourcing« genannt.

Outsourcing bedeutet, dass du andere Mitarbeiter oder Freelancer beauftragst, die eine Aufgabe in einer ähnlich guten Qualität wie du (oder besser) abliefern können, aber in der Regel deutlich günstiger sind.

Ein Beispiel: Am Anfang meiner Karriere kam mein guter Freund Frederik zu mir und erzählte, dass er seinen Kundensupport komplett ausgelagert habe.

Ab jetzt würde er keine E-Mails von Kunden mehr sehen, sondern sein Support-Team sich um alles kümmern. Er schaute alle drei Tage einmal in sein E-Mail-Postfach, aber in der Regel waren da keine E-Mails, die sein Team an ihn weitergeleitet hätte.

Als ich das hörte, war das für mich eine Traumvorstellung. Ich fragte ihn: »Wie machst du das? Ich investiere täglich mindestens drei Stunden für Kunden-E-Mails. Diese Zeit würde ich lieber investieren, um mein Business weiterzuentwickeln und mehr Geld zu verdienen.«

Er antwortete: »Du bist verrückt! Du hast immer noch keinen Support und machst alles selbst? Du musst unbedingt outsourcen und dir ein Support-Team holen.«

Genau an diesem Tag bzw. Abend habe ich mir meinen ersten Support-Mitarbeiter geholt. Und was hat es mir gebracht? Mein Umsatz ist explodiert und ich hatte viel mehr freie Zeit!

Vorher hatte ich immer gesagt: »Ich will nicht mehr als 400 Euro am Tag für Werbung ausgeben. Ich würde zwar mehr Kunden bekommen, aber wenn ich noch mehr Kunden hätte, könnte ich die ganzen E-Mails gar nicht mehr beantworten. Wie sollte das gehen? Ich habe jetzt 1.000 Kunden und verbringe schon so viel Zeit mit E-Mails. Wie schlimm soll das denn werden, wenn ich 2.000 Kunden hätte? ... Nein, da bleibe ich lieber klein und bei wenig Umsatz.«

Das war natürlich Unsinn und hat mich ausgebremst. Diese beschränkende Denkweise ist ein beliebter Fehler, den Unternehmer machen, die halbwegs erfolgreich sind. Sie können die mentale Hürde nicht überwinden, die Aufgaben und Verantwortung an andere abzugeben.

Mich hat das nicht nur mental gebremst, sondern ich hatte ja wirklich keine Zeit mehr. Ich hatte Angst zu wachsen. Diese Einstellung stoppt dein Business, so kannst du nicht größer werden. Du hast keine Zeit und keinen Kopf, um neue Möglichkeiten zu finden, wie du mehr verdienen kannst.

Sobald du es dir leisten kannst, solltest du deshalb sofort darüber nachdenken, einfache Aufgaben an andere abzugeben. So wirst du dir sehr viel Zeit und Nerven sparen, weil andere die Dinge oft viel schneller und besser machen als du selbst. In der Regel sind deine Mitarbeiter ja Spezialisten in ihrem Bereich und wissen, was sie tun.

Worauf du beim Outsourcing achten solltest

Wenn du über Outsourcing nachdenkst, solltest du zuerst den Kundensupport auslagern.

Dieser ist sehr wichtig, aber auch sehr zeitaufwendig. Wenn du die richtigen Mitarbeiter einsetzt, können sie den Kundensupport genauso gut machen wie du.

Kundensupport ist außerdem nicht essenziell für dein Wachstum – und alle nicht essenziellen Aufgaben solltest du outsourcen. Wachstum bedeutet in dem Fall: Du generierst mit der jeweiligen Aufgabe mehr Kunden oder Umsatz.

Eine weitere Aufgabe, die du outsourcen solltest, ist das Design.

Wenn du zum Beispiel ein Logo gestalten willst, kannst du es natürlich auch selbst machen, aber bei den meisten Menschen dauert es eine halbe Ewigkeit.

Außerdem wird dein Logo am Ende wahrscheinlich schlimm und unprofessionell aussehen, falls du nicht gerade Profi-Designer bist.

Du müsstest also Zeit, Kopfschmerzen und Energie in ein Logo investieren, das am Ende trotzdem schlecht aussieht.

Stattdessen könntest du dir die ganze Zeit sparen und für ziemlich wenig Geld ein professionelles Logo von jemandem gestalten lassen, der sich auskennt.

Support und Design sind die ersten beiden Aufgaben, die du abgeben solltest, damit du mehr Zeit und Freiheit hast. **Allein die Freiheit ist es schon wert.**

Selbst wenn du sagst: »Nein, Wachstum ist mir nicht wichtig, ich will bei meinen 4.000 Euro pro Monat bleiben. Ich will keine 10.000 oder 20.000 Euro verdienen.«

Völlig egal. Ein Vorteil von Online-Marketing bzw. Online-Unternehmen ist, dass man frei sein kann. Also, nutze diesen Vorteil und gib Aufgaben ab. Die Kosten für deine Mitarbeiter kannst du ja auch von der Steuer absetzen, und etwa die Hälfte der Kosten müsstest du sowieso versteuern.

4. Optimiere deinen Verkaufstrichter/Sales-Funnel

Die letzte Möglichkeit, dein Online-Business zu vergrößern, wird dich – wie jeden Online-Marketer – wahrscheinlich am meisten beschäftigen: Optimiere deinen Verkaufsprozess, auch »Sales-Funnel« genannt.

Wie ich oben schon sagte, kannst du immer wieder die Besucherströme, dein kostenloses Give-away, die Verkaufsseite für deine Produkte oder auch die E-Mails, die du deinen Kunden schickst, optimieren. Du kannst neue Produkte und Marketing-Strategien testen, die du bei jemand anderem gesehen oder dir selbst ausgedacht hast.

Vielleicht hast du irgendwann auch keine Lust mehr auf deine erste Nische und möchtest einen neuen Markt erobern. Ich rate dir aber, dich so lange auf eine Nische zu fokussieren, bis dein Verkaufsprozess funktioniert und du (skalierbar) profitabel bist.

Viele machen den Fehler, früh aufzugeben und anzunehmen, dass an ihrer Nische etwas nicht stimme, obwohl ihnen einfach die richtige Verkaufsstrategie fehlt. Wenn du dich gleichzeitig in mehreren Nischen bewegst, verzettelst du dich nur und am Ende wird nichts funktionieren.

Suche dir also eine Nische, eine Seite, einen Besucherstrom und meistere sie. Mit dem Gewinn kannst du neue Wege und Methoden ausprobieren.

Entwickle einen Tunnelblick. Konzentriere dich nur auf eine Sache. Am Ende des Tunnels ist das Licht. Ab und zu wirst du die Steine vor deinen Füßen übersehen und stolpern, vielleicht sogar hinfallen. Die meisten Leute fallen ein oder zwei Mal hin und bleiben dann liegen. Sie machen im

Tunnel kehrt und gehen wieder raus. Oder sie steuern den nächsten Tunnel an, weil sie glauben, dass er besser sei. Nur die wenigsten gehen stur nach vorne und sind am Ende erfolgreich, weil es einfach ein steiniger Weg ist.

Was ich damit sagen will: Wenn du eine Nische angehst und nicht sofort erfolgreich damit bist, hat es nichts mit deiner Persönlichkeit zu tun. Es hat auch nichts damit zu tun, dass du keine Fähigkeiten oder Skills hättest. Es liegt einfach nur daran, dass deine Prozesse noch nicht optimiert sind, okay? Du musst das Ganze wie ein Spiel sehen. Und wenn du durchhältst, wirst du es gewinnen.

Es muss dein Hobby sein, diesen Prozess zu optimieren. Wenn du das nämlich hinbekommst, ist dein Business profitabel und du wirst sehr viel Geld verdienen. Dieser Moment wird sich unglaublich gut anfühlen!

Schlusswort: Bist du bereit für deinen Erfolg?

IN DIESEM BUCH habe ich dir genau das System gezeigt, mit dem ich in 14 Monaten vom Studienabbrecher ohne Startkapital zum erfolgreichen Online-Unternehmer mit 1,4 Millionen Euro Umsatz wurde.

Ich habe dir erklärt, wie du ein Online-Business aufbaust, mit dem du finanzielle, geografische und zeitliche Freiheit genießen kannst.

Ein Online-Business ist für mich der beste Weg, um die eigenen Ziele und Träume zu verwirklichen.

Die erste Voraussetzung für ein erfolgreiches Business ist ein extremer Wille.

Du musst davon überzeugt sein: »Ich bin mehr wert! Ich will etwas anderes von meinem Leben! Ich will nicht das gleiche Leben führen wie all die Menschen um mich herum! Ich will andere Ergebnisse, und ich will meine Träume in Realität verwandeln! Ich habe es verdient, mehr Zeit und mehr Geld zu haben und alles zu erreichen, was ich mir wünsche!«

Die zweite Voraussetzung: Lies und verstehe die Prinzipien aus diesem Buch.

Hier habe ich dir alles gezeigt, was du brauchst, um ein erfolgreiches Business aufzubauen. Du benötigst fast gar kein Startkapital und hast das Glück, im 21. Jahrhundert zu leben.

Du hast die Möglichkeit, von jedem Fleck der Erde aus erfolgreich zu sein: egal ob du in Buxtehude, Bangladesch oder sonst wo bist. Du brauchst nur eine Internetverbindung und kannst damit schon ein Business gründen.

Der dritte Punkt, den ich dir mitgeben möchte: Mach dir klar, dass du nur sehr, sehr wenig riskieren musst, dafür aber eine extrem hohe Chance auf sehr, sehr viel Gewinn hast.

Das ist die Macht der Skalierbarkeit eines Online-Unternehmens. Du kannst deinen Prozess täglich optimieren und jeden Tag automatisiert Geld verdienen: während du schläfst, gerade Urlaub machst oder deine Freizeit auf andere Art genießt. Dein Online-Business hat immer geöffnet.

Wie du jetzt richtig durchstartest

Nachdem du dieses Buch gelesen hast, solltest du dir einen Stift und einen Zettel holen.

Schreibe dir ganz genau auf, welche Ziele du hast.

- Was willst du vom Leben? Nicht von deinem Business, sondern von deinem LEBEN?
- An welchem Punkt sagst du dir: »Hey, jetzt bin ich glücklich und zufrieden!«?
- Welcher Mensch bist du zu diesem Zeitpunkt?
- Wie wirst du dich jeden Tag fühlen?
- Wie ist dein Fitnesszustand?
- Wie viel Zeit hast du für dich? Wie viel Zeit für deine Familie?
- Welche finanziellen Möglichkeiten hast du?
- Wohin und wie oft willst du reisen?

Male dir deine Ziele ganz genau aus. Schreib dir außerdem auf, warum du sie willst und warum du machst, was du machst.

Ich persönlich mache das Ganze für meine Familie und für mich. Ich mache es außerdem, um anderen Menschen zu helfen. Eines meiner Ziele war zum Beispiel, viel zu spenden – und aktuell spende ich sehr, sehr viel.

Wenn du all deine Ziele erreichen möchtest, musst du sie detailliert ausformulieren. Nur dann weißt du wirklich, was deine Ziele sind, in welche Richtung du gehen möchtest und was du vom Leben erwartest.

Wenn du das Ziel kennst, gehst du nicht mehr nach links oder rechts, sondern ganz gerade auf dein Ziel zu. Wenn du das Ziel nicht kennst, wirst du dich verirren und vom Weg abkommen.

Nachdem deine Ziele klar sind, musst du deinen Willen und dein Selbstvertrauen stärken. Sage dir: »Ich will das jetzt unbedingt machen, und ich mache das jetzt auch! Wenn mich heute jemand dazu überreden möchte, mich abzulenken, trinken zu gehen, Party zu machen oder mich ohne Sinn und Zweck unterhalten zu lassen, sage ich Nein. Ich tue stattdessen etwas für meine Zukunft und die meiner Familie.«

Wenn du dein Ziel kennst und den Willen hast, solltest du klein anfangen. Ich empfehle dir Affiliate-Marketing, also die Bewerbung der Produkte anderer Unternehmer. Das ist der beste Weg, ohne eigenes Produkt schnell Erfahrungen und Umsatz zu machen, ohne etwas riskieren zu müssen.

Baue dir eine eigene Website, mach den Besuchern ein schönes Angebot und setze die Tipps aus diesem Buch um.

Wenn du noch Fragen dazu hast, helfe ich dir in meinem kostenlosen Webinar unter www.evergreensystem.net weiter.

Danke für deine Aufmerksamkeit. Und denke daran:

> Glaube an dich, glaube an deine Träume. Arbeite hart und fokussiere dich nur auf ein Ziel. Finde dein »Warum«. Und höre niemals auf, bis du das Ziel erreichst – und du wirst ein glückliches und erfülltes Leben haben.

Ich wünsche dir von ganzem Herzen viel Erfolg bei der Umsetzung!

Dein Said Shiripour

Über den Autor: Said Shiripour

STUDIENABBRUCH MIT 23 JAHREN. Gründung des ersten Online-Unternehmens aus einem kleinen Apartment heraus. Erstellung von Online-Coaching-Produkten, welche die Bestseller-Listen dominieren.

Nur ein Jahr später 1,4 Millionen Euro Umsatz.

Was wie ein Hollywood-Film erscheint, ist in Wirklichkeit die Geschichte des Jungunternehmers Said Shiripour. Er hat es geschafft, in Rekordzeit vom Studienabbrecher zu einem der bekanntesten und erfolgreichsten Online-Marketer im deutschsprachigen Raum zu werden.

Seine Produkte wie das Evergreensystem, das Start-up-Produkt, der Conversion-Optimizer oder das PPC-Paket sind alle Bestseller. Said Shiripour hat bereits Tausenden Menschen dabei geholfen, ihr eigenes Online-Business zu starten und ihre eigene Erfolgsgeschichte zu schreiben.

Heute genießt er geografische, finanzielle sowie zeitliche Freiheit – und steht jeden Morgen mit einem Lächeln auf.

Trotz seines Erfolges bleibt der Jungunternehmer weiterhin ehrgeizig. Er möchte noch mehr Menschen dabei helfen, ihre Ziele zu erreichen. Dafür hat Said Shiripour bereits mehrere Unternehmen gegründet. Darunter:

- ein Unternehmen zur Erstellung und Vermarktung von Coaching-Produkten im Bereich Online-Marketing.

- ein Unternehmen zur Erstellung von Websites für kleine und mittelständische Unternehmen gemeinsam mit Facebook-Marketing-Profi Jakob Hager.

- ein Unternehmen zur Erstellung und Vermarktung von Coaching-Produkten rund um die Themen Dating & Beziehungen.

- ein Unternehmen zur Erstellung und Vermarktung von Online-Marketing-Software gemeinsam mit dem erfolgreichen Online-Marketer Oliver Wermeling.

Said Shiripour glaubt fest daran, dass jeder mit dem richtigen Wissen ähnlichen Erfolg haben kann.

Wenn du wissen willst, wie auch du deine Träume leben und jeden Tag aufs Neue glücklich und zufrieden aufwachen kannst, solltest du dir sein kostenloses Webinar anschauen.

Darin lernst du alle nötigen Skills:
www.evergreensystem.net

Notizen:

Notizen:

Notizen:

Notizen:

Notizen:

Notizen:

Notizen:

Notizen:

Notizen: